수학과
인문학이
함께하는
생각여행

수학과 인문학이 함께하는
생각여행

박성은 지음

한나래플러스

수학과 인문학이 함께하는
생각여행

2019년 2월 28일 1판 1쇄 펴냄
2020년 1월 10일 1판 2쇄 펴냄

지은이 | 박성은
펴낸이 | 한기철

편집 | 우정은, 이은혜
디자인 | 심예진
마케팅 | 조광재, 신현미

펴낸곳 | 한나래출판사
등록 | 1991. 2. 25. 제22–80호
주소 | 서울시 마포구 토정로 222 한국출판콘텐츠센터 309호
전화 | 02) 738–5637 ·팩스 | 02) 363–5637 ·e–mail | hannarae91@naver.com
www.hannarae.net

ⓒ 2019 박성은
ISBN 978–89–5566–223–8 03370

학력(學歷)에서 학력(學力)으로

$$\lim_{g \to c} change = chance!$$

칸토어는 '수학의 본질은 그 자유로움에 있다'고 했다. 그렇다면 우리의 수학교육은 무엇을 향하고 있는가 묻지 않을 수 없다. '교육은 백년지대계'라는 구호는 옛말이 되었다. 이른바 4차산업혁명 시대가 열리고, 급변하는 시대에 따른 사회의 요구는 커지고 있다. '아는 것이 힘'인 시대에서 '아는 만큼 표현할 수 있는' 시대, 더 나아가 '아는 만큼 살아갈 수 있는 사람'을 요구하는 시대가 되었다. 지식의 변화도 마찬가지다. '지식을 기억하는 능력'에서 '정보를 잘 활용하는 능력', 더 나아가 '지식을 재구성하고 재창조할 줄 아는 역량'을 요구하고 있다.

새로운 지식의 패러다임

Data memorize ➡ Information use ➡ Knowledge make

대학 교육도 전공에 대한 자세가 달라졌다. 전공과 연계된 직업을 찾는 것도 만만치 않지만, 변화하는 시대의 흐름에 적응할 수 있는 역량을 기르는 것이 더 중요해졌다. 이러한 변화의 시대에 요구하는 인재는 '창의성과 인성'을 겸비한 사람이다. 이에 발맞추어 우리 교육도 창의성과 인성 교육에 초점이 맞추어졌다. 첫째로는 입시제도의 변화요, 둘째는 입시전형에서 평가 도구, 즉 출제 문항의 변화이다. 입시제도에서 수시전형은 확대되고 정시전형은 축소되었다. 평가 도구도 객관식·단답형 문항에 대한 문제풀이 형태의 수능 체제에서 서술·논술형 문항을 통한 논리적 사고력을 측정하는 방향으로 움직이고 있으며, 더 나아가 구술면접형 그리고 모의토론 전형으로 창의성과 인성을 측정하고 있다.

학교는 교과활동을 통하여 진로(進路)를 위한 진학지도(進學指導)를 실현해야 한다. 이를 위해서는 현실적으로 '학생부'가 가장 중요한 전형자료이다. 뿐만 아니라 대학에서는 '학교 소개 자료'를 요구하고 있으므로 학교의 교육과정 역시 대단히 중요한 요소가 되었다. 이에 대하여 다음과 같은 'One stop 교육과정을 통한 진로 진학지도'를 대안으로 제시한다.

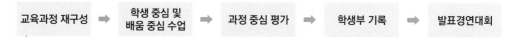

One stop 교육과정

교육과정 재구성 ➡ 학생 중심 및 배움 중심 수업 ➡ 과정 중심 평가 ➡ 학생부 기록 ➡ 발표경연대회

첫째, 교육과정에는 국가 교육과정, 도교육청 교육과정, 학교 교육과정, 교사 교육과정, 학생 교육과정의 연계성이 중요하다.

둘째, 수업은 '스토리텔링 교수학습'이다. '스토리'는 무엇을 나눌 것인가, '텔링'은 어떻게 의사소통할 것인가에 대한 고민이다.

셋째, '참된 학력'을 평가해야 한다. 즉 평가에 창의성과 정의적 요소가 담겨야 한다. 이제는 정의적 평가도 필수가 되었다.

넷째, 학생부는 학생들의 추억 일기장이다. 진로를 위한 진학지도를 위해 개개인의 특성에 따른 '스펙'과 '스토리'가 담겨 있는 맞춤형 학생부가 되어야 한다. 이를 위해서는 성취기준에 근거한 교과 교육과정 재구성의 역량이 중요하다.

다섯째, 개개인의 재능과 끼를 발견하고, 표현하고, 그대로 살아갈 수 있도록 발표경연대회의 무대를 만들어 주어야 한다.

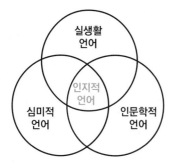

스토리 = 교과내용 재구성

실생활 언어 / 인지적 언어 / 심미적 언어 / 인문학적 언어

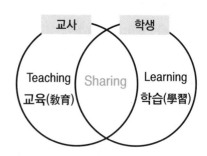

텔링 = 교수학습 과정안

교사 / 학생

Teaching 교육(敎育) / Sharing / Learning 학습(學習)

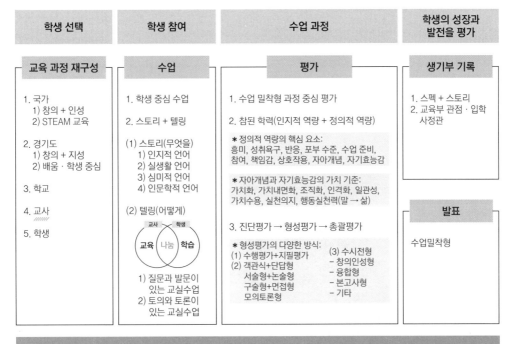

One stop 교육과정을 통한 학생 중심 수업과 과정 중심 평가

학생 선택	학생 참여	수업 과정	학생의 성장과 발전을 평가

교육 과정 재구성

1. 국가
   1) 창의 + 인성
   2) STEAM 교육
2. 경기도
   1) 창의 + 지성
   2) 배움 · 학생 중심
3. 학교
4. 교사
5. 학생

수업

1. 학생 중심 수업
2. 스토리 + 텔링

(1) 스토리(무엇을)
   1) 인지적 언어
   2) 실생활 언어
   3) 심미적 언어
   4) 인문학적 언어

(2) 텔링(어떻게)
   교사 — 학생
   교육 나눔 학습
   1) 질문과 발문이 있는 교실수업
   2) 토의와 토론이 있는 교실수업

평가

1. 수업 밀착형 과정 중심 평가
2. 참된 학력(인지적 역량 + 정의적 역량)

✱ 정의적 역량의 핵심 요소:
흥미, 성취욕구, 반응, 포부 수준, 수업 준비,
참여, 책임감, 상호작용, 자아개념, 자기효능감

✱ 자아개념과 자기효능감의 가치 기준:
가치화, 가치내면화, 조직화, 인격화, 일관성,
가치수용, 실천의지, 행동실천력(말 → 삶)

3. 진단평가 → 형성평가 → 총괄평가

✱ 형성평가의 다양한 방식:
(1) 수행평가+지필평가   (3) 수시전형
(2) 객관식+단답형   – 창의인성형
    서술형+논술형   – 융합형
    구술형+면접형   – 본고사형
    모의토론형   – 기타

생기부 기록

1. 스펙 + 스토리
2. 교육부 관점 · 입학 사정관

발표

수업밀착형

참된 학력 = 지식 + 정의

이를 위해서 '무엇을 질문했는가?', '무엇을 발표했는가?'라는 관점으로 '질문'과 '발문'이 있는 교실수업, '토의'와 '토론'이 있는 교실수업으로의 변화가 필요하다. 그래야 비로소 진로를 위한 진학지도를 학생부에 기록하는 것이 가능하고, 시대에 부응하여 '자기주도적인 삶을 디자인하는 역량'과 '창의성과 인성'을 길러 주는 교육이 가능하게 된다.

이러한 변화를 위해 필자는 '수학은 인간의 삶을 해석하는 학문이다'라는 주제 아래 학생들과 함께 창의인성을 위한 융합탐구학습을 운영했다. 여러 가지로 부족함이 많지만 그 결과물을 '수학과 인문학이 함께하는 생각여행'이라는 이름으로 펴내게 되었다. 이 책이 변화하는 시대에 따른 새로운 교수학습 방법과 학생들의 다양한 진로 탐색을 위한 교실수업에 미력하나마 도움이 되기를 소망해 본다.

우리는 급변하는 시대의 흐름 속에서 학생들의 다양한 요구를 받고 있다. 이에 부응하기 위해서는 교사 개개인의 연구와 노력으로는 한계가 있다. 이제는 교사들의 전문적 학습 공동체를 통해 새로운 수업을 만들어야 한다. 이와 같은 학습 공동체를 통해 '소통+나눔+기쁨'이 공존하는 행복한 교실수업이 실현되길 기대해 본다.

2019년 2월

고양외고 수석교사 박성은

오늘의 아이들을 어제처럼 가르치면
아이들의 미래를 빼앗는 것이다.

- 존 듀이(John Dewey)

차례

세 번째 생각여행

멀리 있어 보아야 알게 되는 사랑

 네 번째 생각여행

다양성과 관용은 아름다움의 기초

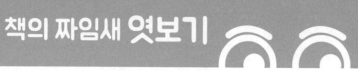

책의 짜임새 엿보기

제시문

이 장의 수학 개념과 원리가 담긴 문제와 더불어 인문학적으로 생각할 거리를 안겨주는 다양한 이야기들을 제시합니다.

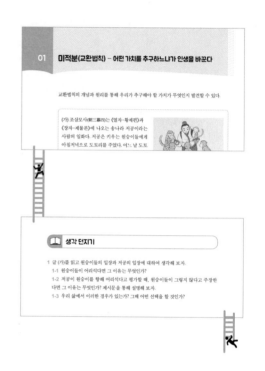

생각 던지기 📖

제시문에 나타나는 객관적인 사실을 중심으로 질문을 던집니다. 인지적으로 제시문의 내용을 파악할 수 있도록 도와줍니다. 교사는 서술형 평가문항으로 수업에 활용할 수 있습니다.

생각 넓히기 🔍

제시문에 인문학적으로 접근하여 더 깊이 생각해 볼 만한 질문을 던집니다. 정해진 정답이 있다기보다는 자신의 생각과 언어로 답하는 문제입니다. 교사는 논술형 평가문항으로 수업에 활용할 수 있습니다.

생각 나누기

'생각 던지기'와 '생각 넓히기'에서 던진 질문들 가운데 의견이 나뉠 수 있는 토론거리를 제시합니다. 친구들과 의견을 나누고 논리적으로 자신의 주장을 펼칠 수 있습니다. 교사는 수행평가와 구술면접형 평가문항으로 활용할 수 있습니다.

기출문제 엿보기

실제 대입 논술에 기출된 문제를 엿볼 수 있습니다. 하단에는 출제자의 의도를 함께 실어서 생각의 길잡이가 되도록 합니다.

문제 풀이

이 장에 실린 문제들의 답과 풀이가 담겨 있습니다. 창의적으로 본인의 생각을 펼쳐야 하는 문제들은 제외하고, 수학적인 풀이 과정이 필요한 문제들의 답을 찾아볼 수 있습니다.

첫 번째 생각여행

참된 삶은
누적된 카이로스

교환법칙의 개념과 원리를 통해 우리가 추구해야 할 가치가 무엇인지 발견할 수 있다.

(가) 조삼모사(朝三暮四)는《열자-황제편》과 《장자-제물론》에 나오는 송나라 저공이라는 사람의 일화다. 저공은 키우는 원숭이들에게 아침저녁으로 도토리를 주었다. 어느 날 도토리가 부족해져서 원숭이들에게 아침에는 도토리를 3개 주고 저녁에는 4개를 주겠다고 했더니 원숭이들이 화를 내었다. 하지만 다시  아침에는 4개를 주고 저녁에는 3개를 주겠다고 바꾸어 말하였더니 원숭이들이 기뻐하였다.

(나) '열역학 제1법칙'이란 가역 법칙으로 일은 열로, 열은 다시 일로 변환이 가능하다는 법칙이다. '열역학 제2법칙'은 비가역 법칙으로 일은 열로 100% 변환 가능하지만 그렇게 발생한 열은 다시 일로 100% 바꿀 수 없다는 법칙이다. 왜냐하면 엔트로피(무질서도)가 증가하기 때문이다.

(다) $f(x)$를 도함수로 갖는 함수 중의 하나를 $F(x)$라고 하면 $G'(x)=f(x)$인 함수 $G(x)$는 $F(x)+C$(C는 상수)의 꼴로 나타낼 수 있다. 이것을 기호로 $\int f(x)dx$로 나타내고 함수 $f(x)$의 부정적분이라고 한다. 즉 $\int f(x)dx = F(x)+C$이고, $\dfrac{d}{dx}\int f(x)dx = f(x)$이다. 하지만 $\int \dfrac{d}{dx} f(x)dx = f(x)+C$이다.

(라) 수학자에게 코끼리를 냉장고에 넣는 법을 물어보았다. 미적분학을 전공하는 수학자는 코끼리를 미분한 후 냉장고에 넣고 냉장고 안에서 다시 적분한다고 답했다. 미분은 세분화하는 과정이고, 적분은 분해된 것을 쌓아가는 과정이므로, 코끼리를 분해하여 냉장고에 넣은 후 그 안에서 복원시키면 된다는 뜻이다. 위상수학을 하는 수학자는 클라인병(klein bottle)으로 냉장고를 만들면 된다고 답했다. 클라인병은 위상수학적인 4차원 입체로, 안과 밖의 구분이 없기 때문에 클라인병으로 냉장고를 만들면 코끼리를 냉장고 밖에 두어도 냉장고 안에 넣은 것과 마찬가지라는 의미다.

(마) 일상의 대화를 살펴보면 재미있는 표현이 많다. '입 다물고 밥 먹어라', '문 닫고 들어와라' 같은 말을 수학적 관점에서 받아들이고 그대로 행동한다면 의사소통이 되지 않을 것이다. 그 이유는 교환법칙이 성립하지 않기 때문이다.

(바) 너희는 먼저 그 나라와 그 의를 구하라.
　　그리하면 이 모든 것을 너희에게 더하시리라.

- 〈마태복음〉 6:33

 생각 던지기

1 글 (가)를 읽고 원숭이들의 입장과 저공의 입장에 대하여 생각해 보자.

　1-1 원숭이들이 어리석다면 그 이유는 무엇인가?

　1-2 저공이 원숭이를 향해 어리석다고 평가할 때, 원숭이들이 그렇지 않다고 주장한다면 그 이유는 무엇인가? 제시문을 통해 설명해 보자.

　1-3 우리 삶에서 이러한 경우가 있는가? 그때 어떤 선택을 할 것인가?

2 글 (다)에서 제시된 다음 두 식은 교환법칙이 성립하지 않음을 보여 준다. 이를 증명하여라.

$$\frac{d}{dx}\int f(x)dx = f(x) \qquad \int \frac{d}{dx}f(x)dx = f(x)+C$$

3 제시문을 통해 공통점과 차이점을 설명하여라.

4 글 (나)에 대하여, 우리는 감정에 따라 행동이 바뀐다고 생각하지만 그 반대의 경우도 성립한다. 즉, 행동에 따라 감정이 바뀌기도 한다. 이것을 심리학에서는 '가역성의 법칙(law of reversibility)'이라고 한다. 이에 대한 사례를 찾아 설명하여라.

5 글 (가)~(바)를 읽고 교환법칙에 대한 원리를 발견할 수 있다.

　5-1 글 (라)처럼 코끼리를 냉장고에 넣는 방법에 대하여 인터넷을 검색하여 알아보자.

　5-2 수학 교과에서 교환법칙이 성립하는 경우와 성립하지 않는 경우에 대한 내용을 찾아보고, 아는 대로 제시하여라.

　5-3 인간관계에서 소통의 문제가 교환법칙이 성립하지 않아서 생긴다고 가정할 때, 그 원인과 대안을 글 (가)~(바)를 근거로 설명하여라.

🔍 생각 넓히기

1 내 삶의 과정은 교환법칙이 성립하는 경우와 성립하지 않는 경우로 구성되어 있다.

　1-1 교환법칙이 성립하는 사례를 들어 보자. 그 상황에서 어떻게 행동하겠는가?

　1-2 교환법칙이 성립하지 않는 사례를 들어 보자. 그 상황에서 어떻게 행동하겠는가?

　▷ 재미있는 일을 찾지 말고, 하는 일을 재미있는 일로 만들라.

2 내 삶에서 교환법칙이 성립하지 않아 의사소통에 문제가 되었던 일을 떠올려 보고, 그 원인이 무엇이었는지 나누어 보자.

3 우선순위란 무엇을 먼저 할 것인지 그 차례나 위치를 선택하는 것이다. 우선순위에 대한 다음 물음에 답해 보자.

3-1 내 삶의 우선순위는 무엇인가?

3-2 내가 정한 우선순위의 가치 기준은 무엇인가?

3-3 글 (바)에 나온 구절의 의미를 설명하고, 그와 관련하여 삶의 포부를 밝혀 보자.

4 다음은 글 (마)에서 언급한 교환법칙에 따른 서로 다른 결과에 대한 90:10 법칙의 사례이다. 스티븐 코비가 이야기한 인생을 바꾸는 90:10 법칙이란, "인생의 10%는 우리에게 일어날 수 있는 여러 가지 사건들로 결정되고, 나머지 인생의 90%는 그 사건을 어떻게 받아들이느냐에 따라서 결정된다"는 것이다. 그에 따르면 추구하는 가치와 우선순위에 따라 전혀 다른 삶의 결과가 나온다. 다음과 같은 상황에서 나는 A와 B 중 누구와 같이 반응할 것인가?

당신은 가족과 함께 아침식사를 하고 있다. 출근을 위해 차려 입은 정장에 어린 딸이 실수로 커피를 쏟았다고 하자. 방금 일어난 일을 통제할 수는 없었지만 다음에 일어날 일은 당신의 반응에 따라 결정될 것이다.

　A는 커피잔을 엎었다고 딸을 혼낸다. 그다음에는 왜 컵을 식탁 가장자리에 놓았느냐고 부인에게 화를 낸다. 혼난 딸은 우느라 아침식사도 끝내지 못하고 유치원에 갈 준비도 하지 못해서 그만 통학버스를 놓친다. 당신도 결국 회사에 지각한다. 게다가 도착해 보니 아침에 서두르다가 그만 서류가방을 집에 두고 온 사실을 깨닫는다. 당신의 하루는 엉망으로 시작됐다. 왜 그럴까? 그것은 오늘 아침에 보인 당신의 반응 때문이다.

　반면, B는 커피잔을 엎지르고 울먹이는 딸에게 다정하게 말한다. "괜찮아. 다음부터 조심하면 돼." 그리고 바로 옷을 갈아입은 후 서류가방을 챙겨 출근한다. 딸은 웃으며 통학버스에 올랐고, 당신은 일찍 회사에 도착해서 상쾌하게 하루를 시작한다.

1 '병 주고 약 준다', 혹은 '약 주고 병 준다'는 말을 쓸 때가 있다. 예를 들어, 학생을 상담할 때 99가지를 칭찬한 다음 하나의 단점을 말해주는 경우와 역으로 하나의 단점을 말한 다음 99가지를 칭찬하는 경우가 있다면, 전자냐 후자냐에 따라 상대방은 그 의미를 전혀 다르게 받아들일 것이다. 어떻게 하는 것이 인간관계를 더 현명하게 하는 방법일까?

2 '닭이 먼저냐, 달걀이 먼저냐'는 인과관계에 관한 오래된 딜레마를 대표하는 문장이다. 고대 철학자들은 생명과 이 세계가 어떻게 시작되었는가에 대한 의문으로부터 이 문제를 고민해 왔다.

우리의 일상에서 '닭이 먼저냐, 달걀이 먼저냐'는 서로 순환하는 원인과 결과의 단서를 분류하려는 무익함을 지적하는 맥락에서 사용된다. 이에 대하여 집합의 개념과 수의 체계를 공부한 대한이, 민국이, 만세는 다음과 같이 주장한다. 그들의 주장에 대한 논거를 설명해 보자.

대한: 반드시 우선순위가 있을 것이다.   ⇨ 실수 집합의 관점
민국: 우선순위는 없다. 있다면 서로 다를 뿐이다. ⇨ 복소수 집합의 관점
만세: 우선순위는 없다. 서로 같을 뿐이다.   ⇨ 집합의 상등관점

다음 글을 읽고 물음에 답하여라.

(가) $f(x)$를 도함수로 갖는 함수 중의 하나를 $F(x)$라고 하면 $G'(x) = f(x)$인 함수 $G(x)$는 $F(x) + C$ (C는 상수)의 꼴로 나타낼 수 있다. 이것을 기호로 $\int f(x)dx$ 로 나타내고 함수 $f(x)$의 부정적분이라고 한다. 즉 $\int f(x)dx = F(x) + C$ (C는 상수)이고 $\frac{d}{dx}(\int f(x)dx) = f(x)$이다. 하지만 $\int \frac{d}{dx} f(x)dx = f(x) + C$이다.

(나) 수소 원자는 양성자와 전자로 구성되며 전자는 양성자 주위를 일정한 궤도로 회전하는 모습을 띤다. 수소 원자에 에너지를 가하면 전자는 에너지를 얻어 더 큰 반지름으로 회전하게 된다. 그런데 전자는 회전하는 궤도 중에서 반지름이 가장 작은 궤도를 제외한 나머지 궤도에서는 상당히 불안한 상태가 된다. 따라서 전자는 원래의 안정된 궤도로 되돌아가려고 한다.

(다)

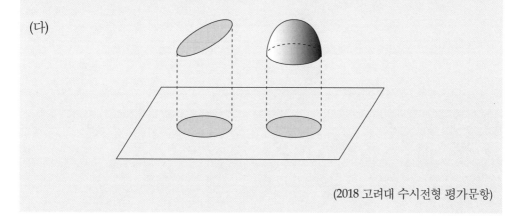

(2018 고려대 수시전형 평가문항)

1 제시문 (가)와 (나)에서 공통으로 설명하는 개념을 말하고 이유를 설명하여라.

2 1번 문제에서 답한 개념을 가지고 제시문 (다)에 대하여 설명하여라.

3 제시문 (나)에서 소개하는 이론을 실생활에 활용하는 사례를 두 가지 이야기하여라.

＊ 생각 던지기

2 글 (가)의 두 식을 통해 교환법칙이 성립하지 않는다는 것을 알 수 있다.

$$\frac{d}{dx}\int f(x)dx = f(x), \quad \int \frac{d}{dx}f(x)dx = f(x) + C$$

(증명)

$f(x)$의 부정적분의 하나를 $F(x)$라고 하면,

$$\int f(x)dx = F(x) + C \qquad \therefore \frac{d}{dx}(\int f(x)dx) = \frac{d}{dx}(F(x) + C) = F'(x)$$

$F(x)$가 $f(x)$의 부정적분 중 하나이므로 $F'(x) = f(x)$

$$\therefore \frac{d}{dx}(\int f(x)dx) = f(x)$$

$$\int (\frac{d}{dx}f(x))dx = F(x) \text{ 로 놓으면, } \frac{d}{dx}F(x) = \frac{d}{dx}f(x)$$

$F(x)$와 $f(x)$의 도함수가 같으므로 $F(x) = f(x) + C$(단, C는 상수)

$$\therefore \int (\frac{d}{dx}f(x))dx = f(x) + C$$

3 긍정적으로 행동하면 긍정적인 감정이 만들어지고, 부정적으로 행동하면 부정적인 감정이 생긴다. 성공하려면 성공한 사람처럼 행동해야 한다는 것이다.

함수의 미적분 – 세상은 천적이 있어서 균형을 이룬다

함수의 미분과 적분의 개념과 원리를 통하여 세상에는 천적이 있음을 발견하고 지혜로운 삶을 디자인 할 수 있다.

(가) 함수들이 모여 사는 마을에 어느 미친 수학자가 와서는 모두를 위협하기 시작했다. 미친 수학자는 "너희들을 미분해 버릴 거야!", "너희들을 적분해 버릴 거야!"라고 외치고 다녔다. (중략) 함수들은 놀라서 도망을 갔다. 그런데 오직 한 명만이 당황하지 않은 채 차분하게 남아있었다. 미친 수학자가 그에게 물었다. "너는 두렵지 않니?" "나는 너를 미분해 버릴 수도 적분해 버릴 수도 있어!" 그러자 그 함수는 "아니오, 나는 당신이 전혀 두렵지 않아요!"라고 대답했다. 그는 바로 e^x였다. 하지만 세상이 과연 그를 가만 내버려 둘까?

(나) 함수들이 모여 사는 동네에는 2019, x^n, 유리함수, 무리함수, $[x^2]$, $\log x$, $\sin x$, $\cos x$, $\tan x$, e^x, a^x 같은 친구들이 있다.

(다) 실수함수와 e^x가 길을 걷고 있었다. 상수함수는 미분연산자가 다가오는 것을 발견하고 줄행랑을 치기 시작했다. e^x는 상수함수를 따라가면서 물었다. "이보게! 상수함수! 왜 그렇게 서둘러 도망가는 것인가?" 상수함수는 대답했다. "네가 보듯이 저기 미분 연산자가 오고 있잖아! 나는 미분 연산자를 만나게 되면 아무것도 남지 않게 될 거야!" 그때, e^x는 의기양양한 표정으로 말했다. "아, 미분연산자? 나는 괜찮아" 그리고는 상수함수가 도망가는 것을 지켜본 후에도 당당하게 길을 걸어갔다. 잠시 후, e^x는 또 다른 미분연산자와 마주치게 되었다. e^x는 먼저 말을 걸었다. "안녕! 나는 e^x란다." 미분연산자가 대답했다. "나는 $\dfrac{d}{dy}$란다." 의기양양했던 e^x의 운명은 어떻게 되었을까?

(라) 결국, 나의 천적은 나였던 거다.

– 조병화, 〈천적〉

1 글 (가)~(다)는 함수의 미분과 적분에 관한 개념과 성질을 설명하고 있다. 이와 관련하여 현대인의 관심사인 다이어트를 통해 함수의 미분과 적분의 개념과 성질을 이해해 보자.

1-1 다이어트 하면 떠오르는 것은 무엇인가? 누군가는 건강이라 하고, 누군가는 미용이라고 한다. 수학 기호를 통해 다이어트의 의미를 표현하고, 미적분 용어를 이용해 그 의미를 해석해 보자.

1-2 다음에서 몸짱들이 좋아하는 식의 값은 무엇일까?

① $a=10$, $b=10$, $c=2$　　② $a=1$, $b=1$, $c=1$

③ $a=10$, $b=0$, $c=2$　　④ $a=8$, $b=8$, $c=2$

1-3 다음에서 다이어트를 하는 사람들이 매일 푸는 문제는 무엇일까?

① $a+b+c=a+(b)+c$　　② $a+b+c=(a)+b+c$

③ $a+b+c=a+b+(c)$　　④ $a+b+c=(a+b+c)$

1-4 다이어트는 건강을 위함인가, 미용을 위함인가? 다이어트가 건강과 미용이라는 두 마리의 토끼를 모두 잡는 법은 없을지 토의해 보자.

1 이 세상에 완벽한 것이란 없다. 나의 천적은 무엇이며, 어떻게 극복할 것인가?

$$\frac{d}{dx}(\text{상수함수})=0, \qquad \frac{d}{dx}(e^x)=e^x, \qquad \frac{d}{dy}(e^x)=0$$

2 나를 보호해줄 울타리를 만나면 살아남는다. 예컨대, 2019와 e^x가 서로 곱셈이라는 약속으로 뭉쳐 있으면 함께 살아남을 수 있다. $\frac{d}{dx}(2019)=0$이 되지만 $\frac{d}{dx}(2019e^x)=2019e^x$이 되기 때문이다. 이때, 2019라는 친구는 e^x에 대하여 어떤 마음을 가지게 될까?

⇨ 2019라는 친구는 e^x의 위대함과 더불어 고마움을 가지게 될 것이다. 한편, 함수 e^x는 스스로 뽐내거나, 자신에게 입은 은혜를 알아달라고 상수함수 2019를 채근할 수도 있을 것이다. 2019 입장에서는 e^x가 어떠한 요구를 한다고 하더라도 할 말이 없을 것이다.

3 그렇다면, $\frac{d}{dy}$라는 연산자 앞에서 2019와 e^x의 운명은 어떻게 될까?

⇨ 모두 0(zero)이 되고 만다. 이후 2019와 e^x의 대화를 상상해 보자. 그동안 쌓인 것이 많은 2019는 "나만 믿으라면서 어떻게 된거니? 너도 별것 아니었구나!"라고 비아냥거릴 수도 있다.

3-1 e^x는 이러한 상황에서 어떤 후회를 하게 될 것인가?

3-2 이를 통해 우리가 배울 수 있는 삶의 교훈이 무엇인지 나누어 보자.

1 다음 성경구절을 참고하여 미분과 적분의 개념을 이용해 꿈이 이루어지게 하는 방정식을 만들어 보자.

> 그런즉 너희는 먼저 그의 나라와 그의 의를 구하라. 그리하면 이 모든 것을 너희에게 더하시리라.   -〈마태복음〉6:33
>
> 내가 또 구하지 아니한 부귀와 영광도 네게 주노니 네 평생에 왕들 중에 너와 같은 자가 없을 것이라.   -〈열왕기상〉3:13
>
> 자기의 육체를 위하여 심는 자는 육체로부터 썩어질 것을 거두고 성령을 위하여 심는 자는 성령으로부터 영생을 거두리라.   -〈갈라디아서〉6:8

2 생태계에도 서로 천적들이 있다. 예컨대, 바퀴벌레, 황소개구리, 장수말벌, 뱀, 토끼, 쥐, 펭귄, 등 생태계를 유지하는 천적의 관계를 알아보자.

3 덧셈 동네에서 0은 있으나 마나 한 볼품없는 존재지만, 곱셈 동네에서는 막강한 능력자가 된다는 사실을 알 수 있다. 이를 근거로 자신의 존재감에 대하여 설명하고 세상을 어떻게 살아갈 것인지 의견을 나누어 보자.

* 생각 던지기

1-1 먼저 '다이어트(diet)'를 써 보자.

이를 t에 관하여 미분하면, $\dfrac{d}{dt}(diet) = die$ 가 된다.

미분이란 순간 변화율이므로 이 식은 다이어트를 하는 순간이 '죽음'과 같다고 해석할 수 있다. 무리한 다이어트 때문에 건강을 해치는 사람에게는 다이어트가 유익한 것이 아니라는 의미를 간단한 미적분 용어로 나타낸 것이다.

그렇다면, 이번에는 다시 원상태로 돌아가기 위해서 적분해 보자.

$\int (die)dt = diet + C$ 가 되어 이번에는 적분상수 C가 생겨난다.

이 적분상수는 군살이 생기는 모습을 나타낸다고 설명할 수 있다. 다시 말해, 다이어트를 할 때는 힘들게 하지만 중간에 포기할 경우 오히려 더 붙는 군살들 때문에 실익이 없어진다고 해석할 수 있다.

1-2 정답 ③ (∵ 비만제로)

1-3 정답 ③ (∵ 비만관리)

* 생각 나누기

1 $\int action[\dfrac{d}{dt}(Dream)]dt = Dream$ ⇨ 계획하고 실행하여 꿈을 이루게 한다.

$\int action[\dfrac{d}{dt}(Dream)]dt = Dream + C$ ⇨ 복에 복이 더해지는 일이 생긴다.

03 정적분 – 지우개로 지워야 할 삶의 이야기는 없다

정적분의 계산에 대한 개념과 성질을 통해 인생이란 무엇인가에 대한 해법을 발견할 수 있다.

(가) $f(x)$가 구간 $[a, b]$에서 연속이고 $\int f(x)dx = F(x) + C$이면

정적분 $\int_a^b f(x)dx = [F(x)]_a^b = F(b) - F(a)$이고, $\int_a^b f(x)dx = \int_a^c f(x)dx + \int_c^b f(x)dx$가 성립한다.

(나) Life is C between B and D.

　　인생이란 태어나서 죽을 때까지 선택의 연속이다.

－ 장 폴 샤르트르

(다) Sometimes I love you, Sometimes I hate you, Because I love you.

－ 김동길

　　인간에 대한 가장 나쁜 죄는 인간을 미워하는 것이 아니라 무관심이다.

－ 버나드 쇼

(라) 누구나 꿈을 가지고 살아간다. 꿈에는 야망과 비전이 있다. 야망이 내가 이루고 싶은 꿈이라면, 비전은 다른 사람들이 나를 통해 이루고 싶은 꿈이라고 한다. 헬렌 켈러는 '눈이 안 보이는 사람보다 불행한 사람은 꿈이 없는 사람이다'라고 말했다.

(마) 길을 가다가 돌이 나타나면, 약자는 그것을 걸림돌이라고 하고, 강자는 그것을 디딤돌이라고 한다.

－토머스 칼라일

(바) 똑같은 시간에 특별함을 더하면 뜻깊은 시간이 된다. 헬라어(그리스어)로 시간을 의미하는 단어는 두 가지가 있다. 하나는 크로노스이고 다른 하나는 카이로스이다.

1 글 (가)에 대응하여 다음 식의 값을 설명하여라.

   1-1 $\int_0^3 |x-1|\,dx$

   1-2 두 실수 a, b에 대하여 $a*b = \begin{cases} \dfrac{a+b}{2} & (a < b) \\ ab & (a \geq b) \end{cases}$ 일 때, $\int_0^2 (x^2 * 1)\,dx$ 의 값을 구하여라.

2 글 (나)~(바)의 내용을 글 (가)의 정적분 개념과 연결하여 표현해 보자.

3 글 (나)~(라)의 내용을 중심으로 에세이를 작성해 보자.

4 글 (라)와 (마)를 읽고 다음 질문들에 대해 생각해 보자.

   4-1 나는 어떤 꿈을 가지고 있는가? 그 꿈은 야망인가, 비전인가?

   4-2 꿈을 향한 길에는 걸림돌과 디딤돌이 있다. 나에게 걸림돌과 디딤돌은 무엇일까?

5 토머스 에디슨은 '시간이란 잘 두었다가 나중에 쓸 수 있는 일용품이 아니다. 시간이란 그때그때 투자해야지 그렇지 않으면 영원히 사라져 버린다'라고 말했다. 이를 글 (바)와 연관 지어 효과적인 시간 관리에 대하여 설명하여라.

1 어떤 물건은 그냥 제품이나 상품이라고 불리지만, 더 나아가 명품이라고 불리는 것들이 있다. 그렇다면 '명품 인생'이란 무엇이라고 생각하는가? '인생 별것 없다'는 주장에 대해서 어떻게 생각하는가?

▷ 서로 다름을 인정하는 삶. 나 자신을 사랑하고 상대를 사랑하는 삶. "무슨 일이든 단지 일어난 일일뿐, 좋고 나쁜 일은 없다." 마음으로 사는 삶. 그럼에도 모든 것에 감사하는 마음으로 주변인들과 소통하고 나누며 마음을 표현하며 살아가는 것이야말로 진정한 명품 인생이다. (《명품 인생, 해답은 사랑이더라》 중)

2 글 (라)는 꿈에 대해 설명하고 있다. 다음 글을 중심으로 자신의 꿈을 이루기 위한 방안을 제시하여라.

> 앞을 못 보는 사람보다 불행한 사람은 꿈이 없는 사람이다.
>
> – 헬렌 켈러
>
> 꿈을 품어라. 꿈이 없는 사람은 생명력이 없는 인형과 같다.
>
> – 발타사르 그라시안
>
> 사람은 누구나 의욕에 가득 차 있다. 하지만 그것을 현실로 만드는 사람은 드물다. 방해가 되는 걸림돌인 줄 알았으나 나를 성장시키는 디딤돌임을 깨닫게 될 것이다.
>
> – 김종달,《지키겠습니다, 마음》

3 매일 당신의 통장으로 누군가가 매일 86,400원을 입금해준다고 상상해 보라. 그 돈은 그날그날 사용하지 않으면 통장에 남아 있지 않고 사라져 버린다. 매일 인생이라는 나의 통장에는 86,400초의 선물이 입금되고 있다. 성경의 〈에베소서〉를 보면 '세월을 아끼라 때가 악하니라'고 한다. 쓰지 않으면 사라지는 이 선물을 어떻게 사용하겠는가?

생각 나누기

1 꿈이 있는 사람에게는 반드시 걸림돌과 디딤돌이 함께 있다. 꿈을 이루기 위해서는 걸림돌을 디딤돌로 바꿀 수 있는 역량이 필요하다. 다음 글을 읽고 삭개오가 예수님을 만나고자 하는 꿈을 이루기 위해 걸림돌을 어떻게 디딤돌로 바꾸었는지 설명해 보자.

예수께서 여리고로 들어가 지나가시더라. 삭개오라 이름하는 자가 있으니 세리장이요 또한 부자라. 그가 예수께서 어떠한 사람인가 하여 보고자 하되 키가 작고 사람이 많아 할 수 없어 앞으로 달려가서 보기 위하여 돌 무화과나무에 올라가니 이는 예수께서 그리로 지나가시게 됨이러라. 예수께서 그 곳에 이르사 쳐다보시고 이르시되 삭개오야, 속히 내려오라 내가 오늘 네 집에 유하여야 하겠다 하시니 급히 내려와 즐거워하며 영접하거늘 뭇 사람이 보고 수군거려 이르되 저가 죄인의 집에 유하러 들어갔도다 하더라. 삭개오가 서서 주께 여짜오되, 주여 보시옵소서, 내 소유의 절반을 가난한 자들에게 주겠사오며 만일 누구의 것을 속여 빼앗은 일이 있으면 네 갑절이나 갚겠나이다. 예수께서 이르시되, 오늘 구원이 이 집에 이르렀으니 이 사람도 아브라함의 자손임이로다. 인자가 온 것은 잃어버린 자를 찾아 구원하려 함이니라.

– 〈누가복음〉 19:1~10

2 글 (바)에서 제시하는 크로노스와 카이로스의 의미를 제시하고, 〈전도서〉 3장 1절 '범사에 기한이 있고 천하만사가 다 때가 있나니'라는 구절에 적용하여 설명해 보자.

* 생각 던지기

1-1 $\int_0^3 |x-1|dx = \int_0^1 (-x+1)dx + \int_1^3 (x-1)dx = \dfrac{2}{5}$

1-2 $x^2 * 1 = \begin{cases} \dfrac{x^2+1}{2} & (0 \le x < 1) \\ x^2 & (1 \le x \le 2) \end{cases}$ 이므로

$\int_0^2 (x^2 * 1)dx = \int_0^1 \dfrac{x^2+1}{2}dx + \int_1^2 x^2 dx = 3$

2

(다) $Life = \int_{Birth}^{Death} (Love)dt$

$Life = \int_{Birth}^{Death} (Love)dt = \int_{Birth}^{Choice} (Love)dt + \int_{Choice}^{Death} (Hate)dt$

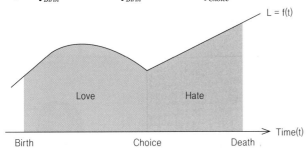

(라) $Life = \int_{Birth}^{Death} (Dream)dt$

$Life = \int_{Birth}^{Death} (Dream)dt = \int_{Birth}^{Choice} (Ambition)dt + \int_{Choice}^{Death} (Vision)dt$

(마) $Life = \int_{Birth}^{Death} (Stone)dt$

$Life = \int_{Birth}^{Death} (Stone)dt = \int_{Birth}^{Choice} (걸림돌)dt + \int_{Choice}^{Death} (디딤돌)dt$

(바) $Life = \int_{Birth}^{Death} (Time)dt$

$Life = \int_{Birth}^{Death} (Time)dt = \int_{Birth}^{Choice} (크로노스)dt + \int_{Choice}^{Death} (카이로스)dt$

속도와 거리의 개념을 이용하여 공평과 정의의 균형을 추구하는 삶을 발견할 수 있다.

(가) 수직선 위를 움직이는 점 P의 시각 t에서의 속도 v가 $v=f(t)$일 때, 점 P가 $t=a$일 때부터 $t=b$일 때까지 움직이면,

P의 위치의 변화량 $\Rightarrow x(t) = x_0 + \int_a^b v(t)dt$

P가 움직인 거리 $\Rightarrow x(t) = \int_a^b |v(t)| dt$

(나) 지상 10m의 높이에서 처음 속도 20m/s로 위를 향해 똑바로 발사한 물체의 t초 후의 속도 vm/s는 $v=20-10t$라고 한다.

(다) 이 돌 아래에 디오판토스의 영혼이 잠들다. 그는 일생의 6분의 1을 소년으로 지냈고, 12분의 1은 턱수염이 자라는 청년 시절이었다. 일생의 7분의 1은 자식이 없는 결혼생활을 하였고 그 후 5년이 지나 아들이 태어났다. 사랑스러운 아들은 아버지 인생의 반만 살고 세상을 떠났다. 이후 깊은 시련 속에서 4년을 지낸 후 그 역시 삶을 마쳤다.

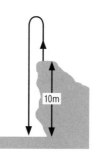

– 디오판토스의 묘비명

(라) 우물쭈물하다가 내 이럴 줄 알았다.

– 조지 버나드쇼의 묘비명

(마) 복지정책에는 '보편적 복지'와 '선별적 복지' 두 가지가 있다. 국민 모두에게 복지 서비스를 제공하는 보편적 복지는 형평성이 높은 반면 효율성이 낮고 비용이 많이 든다. 이에 비해 필요로 하는 사람에게만 복지 서비스를 제공하는 선별적 복지는 형평성은 낮으나 효율성이 높고 비용이 적게 든다.

📖 생각 던지기

1 글 (가)의 개념과 원리에 근거하여 다음 물음에 답하여라.

   1-1 글 (마)에서 제시하고 있는 보편적 복지와 선별적 복지를 설명하여라.

   1-2 $\int_{\alpha}^{\beta} \upsilon(t)dt$와 $\int_{\alpha}^{\beta} |\upsilon(t)| dt$의 개념을 글 (다)와 (라)를 통해 비교하여 설명하여라.

2 글 (나)를 읽고 다음 물음에 답하여라.

   2-1 발사 후 3초가 지났을 때, 지면으로부터의 높이를 구하여라.

   2-2 최고점에 도달했을 때, 지면으로부터의 높이를 구하여라.

   2-3 발사 후 3초 동안 움직인 거리를 구하여라.

3 글 (가)에서 제시한 개념과 원리를 이용하여 다음 문제를 해결해 보자.

   3-1 다음은 '가' 지점에서 출발하여 '나' 지점에 도착할 때까지 직선 경로를 따라 이동한 세 자동차 A, B, C의 시간 t에 따른 속도 υ를 각각 나타낸 그래프이다. '가' 지점에서 출발하여 '나' 지점에 도착할 때까지의 상황에 대한 [보기]의 설명 중 옳은 것을 모두 골라라.

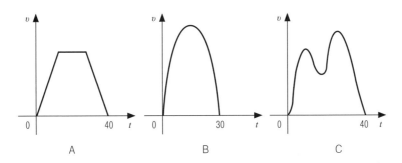

보기

ㄱ. A와 C의 평균속도는 같다.

ㄴ. B와 C 모두 가속도가 0인 순간이 적어도 한 번 존재한다.

ㄷ. A, B, C 각각의 속도 그래프와 t축으로 둘러싸인 영역의 넓이는 모두 같다.

3-2 같은 높이의 지면에서 동시에 출발하여 지면과 수직인 방향으로 올라가는 두 물체 A, B가 있다. 그림은 시각 $t(0 \le t \le c)$에서 물체 A의 속도 $f(x)$와 물체 B의 속도 $g(t)$를 나타낸 것이다. $\int_0^c f(t)dt = \int_0^c g(t)dt$ 이고 $0 \le t \le c$일 때, [보기]에서 옳은 것을 모두 골라라.

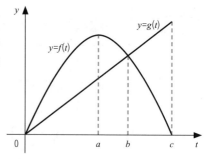

보기

ㄱ. $t=a$일 때, 물체 A는 물체 B보다 높은 위치에 있다.

ㄴ. $t=b$일 때, 물체 A와 물체 B의 높이의 차가 최대이다.

ㄷ. $t=c$일 때, 물체 A와 물체 B는 같은 높이에 있다.

4 성경의 〈룻기〉 1:1~22에 나오는 나오미의 인생을 $\int_a^b |\upsilon(t)| dt = \int_a^c G(t)dt + \int_c^b B(t)dt$ 와 같이 표현하였다. 이에 대하여 그 의미를 나누어 보자.

1 그림은 원점을 출발하여 수직선 위를 움직이는 점 P의 시각 $t(0 \leq t \leq d)$에서의 속도 $v(t)$를 나타낸 것이다. $\int_0^a |v(t)| dt = \int_a^d |v(t)| dt$ 일 때, [보기]에서 옳은 것을 있는 대로 골라라.

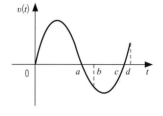

보기

ㄱ. 점 P는 출발하고 나서 원점을 다시 지난다.

ㄴ. $\int_0^c v(t)dt = \int_c^d v(t)dt$ ㄷ. $\int_0^b v(t)dt = \int_b^d |v(t)| dt$

2 성은이는 수직선 위를 t초 동안 앞으로 5걸음을 걷고, 방향을 바꿔서 뒤로 3걸음을 걸었다. 이에 대하여 갑은 2걸음 걸었다고 답하였고, 을은 8걸음 걸었다고 답하였다.

  2-1 누구의 의견이 옳은 것인지 자신의 생각을 말하여 보자.

  2-2 갑과 을 모두 옳은 주장이라고 한다면 그 이유는 무엇인가?

3 속도는 움직임이다. 내 인생의 최대 속도와 최저 속도는 언제였는가? 그 원인은 무엇이었는가?

생각 나누기

1 다음 제시문의 문제를 해결하고, 글 (가)의 개념 및 원리와 아래 그림의 의미를 연관 지어 생각해 보자. 이를 바탕으로 더불어 살아가는 우리 삶을 위해 필요한 것들을 인문학적 언어로 제시하고 토론해 보자.

> 1) 운동장 한 바퀴를 도는 데 대한이는 뛰어서 70초가 걸리고 민국이는 자전거를 타고 40초가 걸린다. 두 사람이 동시에 같은 곳에서 출발하여 같은 방향으로 돌 때, 두 사람이 출발한 곳에서 처음으로 다시 만나게 되는 것은 몇 초 후인가? 또 그때까지 대한이는 운동장을 몇 바퀴 돌게 되는가?
>
> 2) 1km를 형은 3분 20초, 동생은 4분 10초에 뛸 수 있다고 한다. 동생이 형보다 100m 앞서서 달린다고 할 때, 형이 동생을 따라잡는 데 걸리는 시간은?

Equality isn't Justice

Equality   Justice

2 다음 제시문을 통해 글 (마)에서 제시한 사회복지제도에 대하여 생각해 보자. 사회복지의 방법에 있어서 '보편적 복지'와 '선별적 복지'에 대하여 서로 다른 의견들이 많다. 이에 대한 자신의 생각을 나누어 보자.

> 어떤 사람이 타국에 갈 때 그 종들을 불러 자기 소유를 맡김과 같으니 각각 그 재능대로 한 사람에게는 금 다섯 달란트를, 한사람에게는 두 달란트를, 한사람에게는 한 달란트를 주고 떠났더니 (중략) 무릇 있는 자는 받아 풍족하게 되고 없는 자는 그 있는 것까지 빼앗기리라. 이 무익한 종을 바깥 어두운 데로 내쫓으라 거기서 슬피 울며 이를 갈리라.
> – 〈마태복음〉 25:14~30

다음 글을 읽고 물음에 답하여라.

수직선 위를 움직이는 두 점 P, Q의 시각 $t(t > 0)$에서의 위치가 각각

$p(t) = \int_0^t (-s^3 + 4s^2 + as)ds$,

$q(t) = \int_0^t t(bs^2 + 4s + a)ds$ 이다. (단, a, b는 상수이다.)

(2017 한양대 수시전형 평가문항)

1 $a = -\dfrac{7}{6}$, $b = -1$일 때,

두 점 P, Q가 만나는 모든 순간의 P, Q의 속도를 각각 구하시오.

2 $b > -\dfrac{13}{12}$일 때,

구간 $[1, 2]$에서 두 점 P, Q의 가속도의 차이가 2 미만이 될 a, b의 조건을 구하시오.

(단, $b \neq -\dfrac{3}{4}$)

3 두 점 P, Q의 가속도가 같아지는 순간이 존재할 a, b의 조건과 그 시각을 구하시오.

(단, $b \neq -\dfrac{3}{4}$)

* 생각 던지기

2-1 $x = 10 + \int_0^t (20 - 10t)dt = 10 + 20t - 5t^2$ $\therefore x_{t=3} = 25(\text{m})$

2-2 최고점에서 $v=0$이므로 $t=2$ $\therefore x_{t=2} = 30$

2-3 $\int_0^3 |v| dt = \int_0^3 |20 - 10t| dt = \int_0^2 (20 - 10t)dt + \int_2^3 (-20 + 10t)dt = 25(\text{m})$

3-1 ㄱ. 평균속도는 $\dfrac{(거리의\ 변화량)}{(시간의\ 변화량)}$인데, A와 C의 경우 시간의 변화량이 40으로 같고, 같은 지점을 움직이므로 거리의 변화량도 같다. 따라서 A와 C의 평균속도는 같다. (참)

ㄴ. 가속도가 0이 되는 것은 속도를 시간에 대하여 미분한 값, 즉 주어진 곡선에서 접선의 기울기가 0인 지점이므로 B와 C는 적어도 한 번 존재한다. (참)

ㄷ. 주어진 그래프에서 속도 그래프와 t축으로 둘러싸인 영역의 넓이는 이동거리를 나타내는데 A, B, C 가 모두 같은 두 지점의 직선 경로를 따라서 이동하므로 영역의 넓이는 모두 같다. (참)

3-2 ㄱ. $t=a$일 때, 물체 A의 높이는 $\int_0^a f(t)dt$이고, 물체 B의 높이는 $\int_0^a g(t)dt$이다. 이때, 주어진 그림에서 $\int_0^a f(t)dt > \int_0^a g(t)dt$이므로 A가 B보다 높은 위치에 있다. (참)

ㄴ. $0 \le t \le b$일 때, $f(t) - g(t) \ge 0$이므로 시각 t에서의 두 물체 A, B의 높이의 차는 점점 커진다.
  또, $b \le t \le c$일 때, $f(t) - g(t) < 0$이므로 시각 t에서의 두 물체 A, B의 높이의 차는 점점 줄어든다.
  따라서 $t=b$일 때, 물체 A와 물체 B의 높이의 차가 최대이다. (참)

ㄷ. $\int_0^c f(t)dt = \int_0^c g(t)dt$이므로 $t=c$일 때, 물체 A와 물체 B는 같은 높이에 있다. (참)

1

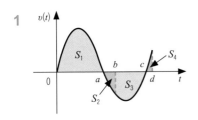

그림과 같이 각각의 넓이를 S_1, S_2, S_3, S_4라고 하면 조건에서

$S_1 = S_2 + S_3 + S_4$

ㄱ. $S_1 > S_2 + S_3$이므로 원점을 다시 지날 수 없다. (거짓)

ㄴ. $\int_0^c \upsilon(t)dt = S_1 - S_2 - S_3$

$\int_c^d \upsilon(t)dt = S_4 = S_1 - S_2 - S_3$ (참)

ㄷ. $\int_0^b \upsilon(t)dt = S_1 - S_2$

$\int_b^d |\upsilon(t)|dt = S_3 + S_4 = S_1 - S_2$ (참)

2 갑은 $\int_0^t \upsilon(t)dt$를 계산한 것이고, 을은 $\int_0^t |\upsilon(t)|dt$를 계산한 것이다.

그러므로 옳고 그름을 말할 수 없다. 관점의 차이만 있을 뿐이다.

05

함수의 최대·최소 – 최대의 행복을 디자인하라

함수의 최댓값과 최솟값의 개념과 원리를 통해 지혜로운 삶과 풍요로운 삶을 디자인 할 수 있다.

(가) 다음은 A영화관의 가격에 따른 관객 수이다.

가격: $12   하루에 오는 관객 수: 1000명

설문조사에 의하면 가격을 $0.1씩 내릴 때마다 관객 20명이 더 찾아온다고 한다. 이를 근거로 A영화관은 가격을 $12로 책정할 때에 최대수익을 낼 수 있다고 하였다. 하지만 이 자료를 본 B사원은 가격을 조금만 낮추면 가격을 $12로 인상할 때 보다 더 많은 수익을 낼 수 있다고 주장했다.

(나) 최대·최소 정리는 닫힌구간에서 정의된 연속인 함수는 항상 최댓값과 최솟값을 갖는다는 정리이다.

(다) 이계도함수를 가지는 함수 $f(x)$에 대하여, $f'(a)=0$이고, $x=a$의 좌우에서 $f'(x)$의 부호가 바뀌면 점 $(a, f(a))$는 곡선 $y=f(x)$의 극값이 된다. 또한 $f''(a)=0$이고, $x=a$의 좌우에서 $f''(x)$의 부호가 바뀌면 점 $(a, f(a))$는 곡선 $y=f(x)$의 변곡점이다.

(라) 마더 테레사는 인도의 콜카타에 있는 성 마리아 학교에서 학생들을 가르쳤다. 그녀는 일주일에 한두 번은 학생들을 데리고 빈민가로 가서 병들고 가난한 사람들을 돌보았는데, 그녀의 학생들은 어른이 되어서도 테레사 수녀를 돕고 싶다고 했다. 그들은 부잣집 자녀들이었지만 모든 것을 내려놓고 가난한 사람들을 돌보겠다고 했다. 마더 테레사는 이들과 함께 '사랑의 선교회'를 설립하여 가난한 환자들을 돌보고, 스스로 일해서 먹고 살 수 있도록 도와주었다. 마더 테레사는 물질적으로 더 많은 것을 가지려고 애쓰는 이 시대를 향해 "우리가 가진 것이 많을수록 나눌 것은 적습니다"라는 메세지를 이야기했다.

(마) 네 잎 클로버에서 한 잎만 따내면
세 잎 클로버 곧 행복이 된다.
잎의 숫자를 애써 늘리는 게 아니라
오히려 하나를 쏙 줄여보는 거다.
마음속 욕심을 한 움큼만 덜어내도
행복이 숨 쉴 공간이 훨씬 더 넓어진다.

– 정연복, 〈욕심과 행복〉

📖 생각 던지기

1 글 (가)에서 B사원이 제시한 가격과 그렇게 주장한 근거를 설명하여라.

  1-1 최대의 수익을 창출하기 위한 지혜를 나누어 보자.

  1-2 최대의 수익이 가져다주는 삶의 손익을 계산해 보자.

2 글 (나)의 내용을 보면 폐구간에서 연속인 함수는 반드시 최댓값과 최솟값이 존재한다고 한다.

　2-1 글 (라)의 마더 테레사의 삶 속에서 최댓값과 최솟값은 무엇인가?

　2-2 글 (마)의 행복에 관한 이야기가 의미하는 것은 무엇인가?

3 글(나)와 (다)를 이용하여 다항함수 $f(x)=x^3-3x^2$의 그래프 개형을 그리고자 한다. 다음 물음에 답하여라.

　3-1 극댓값과 극솟값을 구하여라.

　3-2 변곡점을 구하여라.

　3-3 폐구간 [-1, 4]에서 최댓값과 최솟값을 구하여라.

　3-4 그래프의 개형을 그려라.

🔍 생각 넓히기

1 우리는 유한한 인생을 살아간다. 내 삶의 최댓값과 최솟값의 사례를 들어 그 원인이 무엇인지 생각해 보고, 주어진 삶을 최대로 살아가기 위한 방안을 나누어 보자.

2 글 (라)와 (마)를 통하여 어떠한 삶을 살아갈 것인지 핵심어를 제시하여 자신의 생각을 나누어 보자.

1 조디 피코가 쓴 《19분》에는 행복을 만드는 방법으로 '행복= $\dfrac{\text{현실}}{\text{기대}}$'이라는 공식을 제시한다.

   1-1 이를 근거로 행복을 만드는 두 가지 방법을 설명하고, 어떻게 살아갈 것인지 나누어 보자.

   1-2 성경의 〈전도서〉 1:2에서 솔로몬은 '헛되고 헛되도다'라고 노래했으며, 법정스님은 '무소유'를 주장했다. 이를 바탕으로 자신이 생각하는 행복한 삶의 방향을 나누어 보자.

2 이순신 장군은 명량해전에서 12척의 배가 있는 최소의 상황을 133척의 배를 물리치는 최대의 상황으로 만들어 냈다. 이를 근거로 글 (나)에 대하여 '수적으로 많은 것이 좋은 것만은 아니다'라는 주장에 대하여 수학적인 관점과 인문학적인 관점에서 그 의미하는 바를 나누어 보자.

다음 글을 읽고 물음에 답하여라.

(가) 이계도함수를 가지는 함수 $f(x)$에 대하여 $f''(a)=0$이고, $x=a$의 좌우에서 $f''(x)$의 부호가 바뀌면 점 $(a, f(a))$는 곡선 $y=f(x)$의 변곡점이다. 예를 들어, 다항함수 $f(x)=x^3-3x^2$의 경우 $(1, -2)$가 변곡점이 되고 다음을 만족한다.

> ⓐ $x < 1$일 때, $f''(x) < 0$을 만족해서 위로 볼록하다.
> ⓑ $x > 1$일 때, $f''(x) > 0$을 만족해서 아래로 볼록하다.

(나) 전통 사회에서는 1차 산업이 생산 활동의 주된 기반이었고, 대다수의 사람은 자신이 거주하는 지역 내에서 생활하였으며 농촌을 기반으로 한 농업 경제와 자급자족 체제를 유지했다. 18세기 후반 산업혁명 이후에는 공업이 주요 산업이 되었고, 도시에 대규모 공장과 주거 지역이 형성되어 인구가 집중되었다. 정치적인 측면에서는 시민 혁명으로 개인의 자유와 권리를 바라보는 인식이 생겨났다. 이 과정에서 개인의 천부인권을 강조하며 이를 보장하기 위해 국민이 자신들의 대표를 선출하는 의회제도가 도입되었다. 사회문화적 측면에서는 계몽주의의 확산으로 인간의 이성과 합리성이 강조되었고, 미신과 종교의 권위에서 벗어나 합리적 이성을 가진 존재로서 인간을 이해하게 되었다.

(다) 케플러는 행성의 궤도가 원이라는 가정으로 연구를 시작했으나 화성의 관측 자료를 연구하던 중 화성의 궤도가 타원이라는 사실을 발견하였다. 이로 인하여 천체는 원운동을 한다는 기존의 생각을 버리고 타원 궤도를 도입하였다.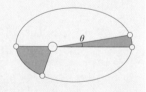
모든 행성이 태양을 초점으로 하는 타원 궤도를 따라 태양 주위를 회전한다는 것이 행성운동에 관한 케플러의 제1법칙이다. 케플러의 제2법칙은 그림에서와 같이 행성과 태양을 잇는 직선은 같은 시간 동안에 같은 면적을 그린다는 것이다.

(2017 고려대 수시전형 평가문항)

1 제시문 (가)와 (나)의 유사성을 생각해보고, 제시문 (가)의 ⓐ와 ⓑ 각각에 대응하는 상황이나 단어를 제시문 (나)에서 찾아보자.

2 수학 또는 과학에서 제시문 (다)와 같은 역사적 발견 또는 사건을 두 개 이상 설명해 보아라.

3 지원자가 제시문 (나)의 시점에 살고 있다고 가정할 때 지원자의 사회적 역할에 대해 말해 보자.

출제 의도

1. 제시문 (가)와 (나)의 유사성을 도출하여 제시문 (가)의 ⓐ와 ⓑ에 대응하는 상황이나 단어를 제시문 (나)에서 찾고 설명하는 과정을 통해서 지원자의 논리적 사고력을 확인하고자 한다.

2. 제시문 (다)의 특성을 파악하고 수학 또는 과학 분야에서 찾을 수 있는 유사한 역사적 발견이나 사건을 떠올리고 설명하는 과정을 통해 지원자가 평소 해당 분야에 대해 갖고 있던 흥미나 지식을 확인하고자 한다.

3. 사회적 변혁기에 살고 있는 사회의 한 구성원으로서 자신의 사회적 역할에 대해서 답변하는 과정에서 지원자의 가치관을 확인하고자 한다.

* 생각 던지기

1 이번 달 총 수익=1000명×\$12=\$12000

영화 티켓 가격이 \$0.1씩 내려갈수록 20명의 관객이 더 온다.

10센트 내리면 \$12−0.1, 20센트 내리면 \$12−0.2이므로, 10x센트를 내리면 \$12−0.1x의 가격이 된다.

가격을 한 번 내리면 20명, 두 번 내리면 40명의 관객이 더 온다.

즉, 가격은 10센트씩 x번 내리면 1000+20x의 관객이 더 온다.

따라서, 수익 $R(x)$=(\$12−0.1x)×(1000+20x) (0≤x≤120)

$R(x)=-2x^2+140x+12000=-2(x-35)^2+14450$ (0≤x≤120)

또는, 수익의 도함수를 구해보면,

$R(x)=140x-4x$, $R'(35)=0$

∴ 수익은 x = 35일 때 최댓값 \$14450을 갖는다.

즉, 가격은 10센트씩 35번, \$3.5를 내린 가격인 \$8.5로 팔아야 \$14450라는 최대 수익을 낼 수 있다.

3 $f(x)=x^3-3x^2$, $f'(x)=3x^2-6x$, $f''(x)=6x-6$이므로

x	−1	⋯	0	⋯	1	⋯	2	⋯	4
$f'(x)$		+	0	−		−	0	+	
$f''(x)$		−		−	0	+		+	
$f(x)$	−4	↗	0	↘	−2	↘	−4	↗	16

3-1 점 (0, 0)에서 극댓값, 점 (2, −4)에서 극솟값이 된다.

3-2 점 (1, −2)가 변곡점이 되고 다음을 만족한다.

x < 1일 때, $f''(x)$ < 0을 만족해서 위로 볼록하다.

x > 1일 때, $f''(x)$ > 0을 만족해서 아래로 볼록하다.

3-3 최댓값은 (4, 16), 최솟값은 (−1, −4), (2, −4)이다.

3-4

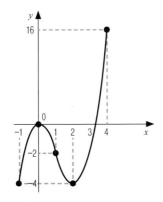

✳ 생각 나누기

1 행복= $\dfrac{\text{현실}}{\text{기대}}$ = $\dfrac{99}{4}$ 라고 하면,

99의 현실에서 1을 더해서 100을 만들면 25라는 행복을 만들 수 있다.

한편, 4의 기대에서 1을 빼서 3을 만들면 33이라는 행복을 만들 수 있다.

이를 통해 욕심을 채우기보다 나의 욕심을 비우는 것이 더 행복해지는 방법임을 알 수 있다.

06

구분구적법 – 원경과 근경에서 바라본 세상

구분구적법을 통해 세상을 바라보는 시각을 바꿀 수 있다.

(가) 케플러가 살던 17세기 초에는, 포도주통 안에 막대를 넣어 얼마나 채워져 있는지 그 높이를 재서 포도주 가격을 결정했다. 하지만 포도주를 담는 통은 배가 불룩한 모양이었기 때문에 담겨 있는 포도주의 높이와 양이 정확하게 비례하지 않았다. 포도주의 정확한 부피는 어떻게 구할 수 있을까?

(나) 아르키메데스는 원에 내접 및 외접하는 정다각형을 이용해 원의 둘레 길이와 원의 넓이, π의 근삿값을 구했다. 당시 수학적 한계로 인해 극한계산은 하지 못하고, 부등식을 세워 근사적으로 구했다.

(다) 불교의 경전 《열반경》에 실린 우화 중 맹인모상(盲人摸象)이라는 이야기가 있다. 이는 맹인들이 코끼리의 일부만 더듬어 보고 그 형상을 묘사함을 뜻하는 말로, 전체를 보지 못하고 자기가 알고 있는 부분만 고집한다는 이야기이다.

(라) 자세히 보아야 예쁘다
오래 보아야 사랑스럽다
너도 그렇다   – 나태주, 〈풀꽃〉

(마) 리차드 칼슨은 "나무가 아닌 숲을 보라"고 했다. 찰리 채플린은 "인생이란 멀리서 보면 희극이고, 가까이서 보면 비극이다"라는 말을 남겼다.

1 글 (나)에서 반지름의 길이가 r인 원의 넓이는 πr^2이다. 극한의 개념을 이용하여 증명하여라.

2 글 (마)에서 상반된 단어를 제시하고, 글 (가)~(라)를 중심으로 이를 뒷받침할 수 있는 논리적 근거를 찾아 설명하여라.

3 글 (가)에서 포도주통의 부피를 구하는 방법을 설명하여라.

 생각 넓히기

1 케플러의 포도주통은 배가 불룩한 모양이라 그 부피를 쉽게 알기 어렵다.
　1-1 인생에서 쉽게 풀리지 않는 문제가 있는가? 그 문제를 어떻게 해결할 것인가?
　1-2 케플러는 발상의 전환을 통해 통의 부피를 구했다. 이처럼 사고의 전환을 통해 문제를 쉽게 해결해 본 경험을 나누어 보자.

2 살다 보면 어려운 상황에 놓일 때가 있다. 이때 글 (마)와 같은 리차드 칼슨이나 찰리 채플린의 조언을 받는다면 이를 어떻게 받아들일지 서로의 생각을 나누어 보자.

3 리차드 칼슨은 "나무가 아닌 숲을 보라"고 한다.
　3-1 인생을 원경(遠景)에서 바라보았을 때, 내가 꿈꾸는 큰 목표와 삶의 전체적인 방향은 무엇인가?
　3-2 인생을 근경(近景)에서 바라보았을 때, 현재 해결해야 하는 문제와 단기적인 목표는 무엇인가?
　3-3 원경에서 바라본 인생과 근경에서 바라본 인생에는 어떠한 차이가 있는가?

1 다음 글을 읽고 미시경제학과 거시경제학에 대하여 인간관계에 대한 사회학적 관점에서 사례를 들어 설명하여라.

거시경제학(巨視經濟學, macroeconomics)은 모든 개별 경제 주체들의 상호작용의 결과로 나타나는 한 나라 전체의 경제 현상에 대한 분석을 통해 국민소득, 물가, 실업, 환율, 국제수지 등 경제 전반에 영향을 미치는 변수들의 결정요인과 이러한 변수들 간의 상호관련성, 국민소득의 변화를 설명하는 경제성장이론과 단기적으로 실업과 밀접한 연관을 가지고 있는 경기변동이론을 연구하는 분야이다.

미시경제학(微視經濟學, microeconomics)은 가계와 기업 등의 개별 경제 주체들 간의 행위와 상호영향 등에 의한 재화와 서비스의 가격과 거래량, 각 시장구조의 균형점이 어떻게 결정되는지를 설명하고 연구하는 경제학의 한 분야이다.

2 글 (마)에서 리차드 칼슨과 찰리 채플린의 말은 서로 상반된 입장을 보인다. 이에 대하여 다음 글은 사회학적 개념의 확장으로 기능론을 제시하고 있다. 기능론의 특징과 유용성을 설명하여라.

기능론은 사회가 살아 있는 유기체와 같이 여러 구성요소들이 조화와 균형을 이루고 있는 체계라고 주장하는 이론이다. 기능론의 기본적 입장은 사회 구성요소들은 사회 전체의 유지와 존속에 필요한 각각의 고유한 기능을 수행하며, 기능적으로 상호 연관되어 있다는 것이다. 또한 사회 각 부분의 기능과 역할은 사회 구성원 간에 사회적 합의가 이루어져 있으며, 사회 구조나 제도는 사회구성원에게 역할과 규범을 사회화시킴으로써 사회존속에 기여한다. 사회문제나 갈등은 구성요소들이 기능을 제대로 수행하지 못해 발생하는 비정상적 현상이다.

⇨ 기능론은 사회질서와 통합 현상에 대한 이해에 유용하다는 장점이 있다.

3 다음에 근거하여 부분과 전체의 균형에 대한 삶의 철학에 대해 이야기 나누어 보자.

노인 한 사람이 죽으면, 도서관 한 채가 없어지는 것과 같다.   - 인디언 격언
100-1=0, 즉 하나를 잃으면 전부를 잃은 것과 같다.

다음 글을 읽고 물음에 답하여라.

(가) 양의 실수 r에 대하여 중심의 좌표가 (r, r)이고, 반지름의 길이가 r인 원을 C라 하자. 직선 $y=ax(0 < a \le 1)$가 원 C와 만나서 이루는 선분의 길이의 제곱을 $f(a)$라 하고 $f(0)=0$이라 하면, $f(a)$는 구간 $[0, 1]$에서 정의된 함수이다.

(나) 꼭짓점의 좌표가 $(c, 0, 1)$ $(c \ge 1)$인 원뿔 D는 중심의 좌표가 $(c, 0, 0)$이고 반지름의 길이가 1인 xy평면 위의 원을 밑면으로 갖는다. 음이 아닌 실수 b에 대하여, 방향벡터가 $(1, b, b)$이고 원점을 지나는 직선이 원뿔 D와 만나서 이루는 선분의 길이를 $g(b)$라 하자. 단, 직선이 원뿔과 두 개 이상의 점에서 만나지 않으면 $g(b)=0$으로 한다.

(2017 한양대 수시전형 평가문항)

1 제시문 (가)의 함수 $f(a)$에 대하여 정적분 $\int_0^1 f(a)da$를 구하여라.

2 제시문 (가)의 함수 $f(a)$에 대하여 정적분 $\int_0^1 f(a)da$와 $\dfrac{1}{100}\displaystyle\sum_{k=1}^{100} f(\dfrac{100-k}{100})$의 크기를 비교하여라.

3 제시문 (나)의 $g(b)$를 구하여라.

＊ 생각 던지기

1 다음과 같이 반지름의 길이가 r인 원의 넓이를 구하기 위해서 원에 내접하는 정n각형을 그린 후 정n각형을 n개의 정삼각형으로 내분한다.

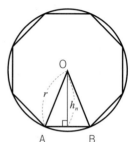

정n각형의 둘레의 길이를 $l_n = n\overline{AB}$, $\triangle OAB$의 높이를 h_n이라고 하면,

정n각형의 넓이 S_n은 $S_n = \triangle OAB \times n = \dfrac{1}{2}\overline{AB} \times h_n \times n$

여기에서 $n \to \infty$일 때, $l_n = 2\pi r$, $h_n \to r$이므로

$$S = \lim_{n \to \infty} S_n = \lim_{n \to \infty} \frac{1}{2} h_n l_n = \lim_{n \to \infty} \frac{1}{2} \times r \times 2\pi r = \pi r^2$$

두 번째 생각여행

우연이라도 품에
안으면 **필연**

07

확률(샐리의 법칙, 머피의 법칙) – 인생은 선택의 연속

경우의 수와 확률을 통해 수많은 선택을 해야 하는 인생길에서 현명한 판단을 할 수 있는 방법을 발견할 수 있다.

(가) 노란 숲 속에 길이 두 갈래로 났었습니다.
나는 두 길을 다 가지 못하는 것을 안타깝게 생각하면서,
오랫동안 서서 한 길이 굽어 꺾여 내려간 데까지,
바라다볼 수 있는 데까지 멀리 바라다보았습니다.

그리고, 똑같이 아름다운 다른 길을 택했습니다.
그 길에는 풀이 더 있고 사람이 걸은 자취가 적어,
아마 더 걸어야 될 길이라고 나는 생각했었던 게지요.
그 길을 걸으므로, 그 길도 거의 같아질 것이지만.

그날 아침 두 길에는 낙엽을 밟은 자취는 없었습니다.
아, 나는 다음 날을 위하여 한 길은 남겨 두었습니다.
길은 길에 연하여 끝없으므로 내가 다시 돌아올 것을 의심하면서….

훗날에 훗날에 나는 어디선가 한숨을 쉬며 이야기할 것입니다.
숲 속에 두 갈래 길이 있었다고, 나는 사람이 적게 간 길을 택하였다고,
그리고 그것 때문에 모든 것이 달라졌다고.

– 로버트 프로스트, 〈가지 않은 길〉

(나) 〈Let's Make a Deal〉이라는 미국의 TV 게임쇼가 있다. 게임에서 우승하면 마지막 관문을 거쳐 상품을 탈 수 있는데, 똑같이 생긴 3개의 문 가운데 하나의 문 뒤에만 고급 승용차가 있고 나머지 2개의 문 뒤에는 염소가 있다. 우승자는 3개의 문 중에서 하나를 고르면 사회자는 우승자가 선택한 문을 제외한 나머지 2개의 문 중 승용차가 들어 있지 않은 문 하나를 열어 보여 주면서 우승자에게 문을 바꿀 수 있는 기회를 준다. 이때, 자동차를 고르기 위해서는 문을 바꾸는 것이 유리할까, 바꾸지 않는 것이 유리할까?

(다) '머피의 법칙'은 불행한 일이 계속해서 반복되는 것을 뜻하고 '샐리의 법칙'은 좋은 일이 계속 일어나는 것을 뜻한다. 머피의 법칙과 비슷한 의미의 말로 '엎친 데 덮친다'는 속담이 있다. 또한 이와 관련된 사자성어로는 설상가상(雪上加霜), 전호후랑(前虎後狼) 같은 말이 있다. 그렇다면, 샐리의 법칙과 관련된 사자성어에는 어떤 것들이 있을까?

(라) 철수는 마트에서 물건을 사고 세 곳의 계산대 중 한 곳에 줄을 섰다. 그런데 자신이 계산하기 위해 선 곳만 유난히 줄이 느리게 줄어든다고 느껴진다.

(마) 너희는 이 세대를 본받지 말고 오직 마음을 새롭게 함으로 변화를 받아 하나님의 선하시고 기뻐하시고 온전하신 뜻이 무엇인지 분별하도록 하라. 내게 주신 은혜로 말미암아 너희 각 사람에게 말하노니 마땅히 생각할 그 이상의 생각을 품지 말고 오직 하나님께서 각 사람에게 나누어주신 믿음의 분량대로 지혜롭게 생각하라.

– 〈로마서〉 12:2~3

 생각 던지기

1 확률(probability)이란 하나의 사건이 일어날 수 있는 가능성을 수로 나타낸 것이다. 즉, 일어날 수 있는 모든 경우의 수에 대한 기대의 경우의 수를 말한다. 인생이 희노애락(喜怒哀樂)이라는 감정의 언어로 구성되어 있다고 한다면, 행복한 인생을 위한 확률은 어떻게 표현해야 할까?

1-1 인생의 희로애락의 순간들 가운데 행복한 순간을 맞이할 확률은 얼마나 될까?

1-2 행복만을 추구한다면 행복하지 않은 인생의 다른 이면들은 어떻게 받아들일 것인가?

2 삶은 선택의 연속이다. 매일 찾아오는 점심시간에도 우리는 메뉴 앞에서 망설이는 경우가 많다. 김운하의 《선택, 선택의 재발견》에서는 일상의 사소한 선택들 앞에서 조금은 편안해지자고 말한다. 우리에게 일어나는 많은 문제가 선택의 문제이기도 하지만 사실은 그렇지 않기도 하다. 그런 현실을 겸허히 받아들임으로써 자신의 삶을 온전히 받아들이고 사랑할 것을 권한다. 이에 대한 자신의 생각을 나누어 보자.

3 글 (나)에서 우승자는 1개의 문을 열어 본 후 자신의 선택을 바꾸는 것이 유리할까? 그렇게 생각하는 이유는 무엇인가?

4 글 (다)의 내용처럼 머피의 법칙과 샐리의 법칙에 관련된 사자성어를 찾아보고 그와 관련하여 내가 경험한 이야기를 나누어 보자.

5 글 (라)와 같은 상황은 왜 생기는 것일까? 이와 비슷한 경험이 있다면 서로 이야기 나누어 보자.

🔍 생각 넓히기

1 인생이 항상 행복할 수는 없다. 삶은 희로애락으로 어우러진 결정체이기 때문이다. 그렇다면 어떻게 살아가야 할까?

2 《선택, 선택의 재발견》이라는 책은 우리가 살아가면서 부딪히는 수많은 선택들에 대해서 얘기한다. 확률은 일어날 수 있는 모든 경우의 수에 대한 관심의 경우의 수라고 정의하듯이 사람들은 다양한 것에 관심을 가지고 자신이 기대하는 것을 삶의 목표로 삼고 살아간다. 어떻게 하면 삶의 목표를 성취할 수 있을까?

💬 생각 나누기

1 다음과 같은 생활 속 사례들에서 머피의 법칙과 샐리의 법칙의 원리를 찾아보고 설명하여라. 이를 통해 인생의 희로애락의 순간에 지혜롭게 대처할 수 있는 방법을 찾아보자.

1-1 바닥에 잼이 발린 빵을 떨어뜨렸을 때

A: 잼이 발린 면으로 빵이 떨어진다.
B: 잼이 발리지 않은 면으로 빵이 떨어진다.

1-2 마구잡이로 양말을 꺼낼 때

A: 양말이 서로 다른 짝이다.
B: 양말의 짝이 서로 맞다.

1-3 우산을 놓고 왔을 때

A: 우산을 놓고 온 날, 비가 올 확률
B: 우산을 놓고 온 날, 비가 안 올 확률

1-4 성경의 내용 중에

A: 〈욥기〉 30: 25~26
B: 〈로마서〉 8: 38~39

2 사랑하기에 미움도 있고 사랑도 있다. 무엇을 선택하며 살아갈 것인가?

다음 글을 읽고 물음에 답하여라.

17세기 프랑스의 귀족이자 도박사인 슈발리에 드 메레는 1개의 주사위를 4번 던졌을 때 적어도 한 번 6이 나온다는 것에 반복적으로 내기를 걸었고 그 결과로 꾸준히 돈을 벌었다. 그 이후 드메레는 게임의 규칙을 바꿔 2개의 주사위를 24번 던졌을 때 적어도 한 번은 (6, 6), 즉 두 주사위가 모두 6이 나오는 것에 반복적으로 내기를 걸었는데, 그 결과 예상과 달리 지속적으로 돈을 잃었다. 그는 첫 번째 방식의 내기와 두 번째 방식의 내기에서 자신이 이길 확률이 같다고 생각했는데 게임을 반복할수록 첫 번째 내기에서는 돈을 벌고 두 번째 내기에서는 돈을 잃는 상황이 납득되지 않았다. 결국 그는 친구이자 수학자인 블레즈 파스칼에게 찾아가 그 이유를 알려 달라고 부탁했다. 파스칼은 동료 수학자인 페르마와 토론한 후 드 메레의 질문에 올바로 답할 수 있었다. 파스칼의 설명을 정리하면 다음과 같다.

> 1개의 주사위를 4번 던지는 첫 번째 방식의 내기에서 한 번도 6이 나오지 않을 확률은 $(\frac{5}{6})^4 = 0.482$이므로 드 메레가 내기에서 이길 확률은 $1-(\frac{5}{6})^4 = 0.518$이다.
> 2개의 주사위를 24번 던지는 두 번째 방식의 내기에서 한 번도 (6, 6)이 나오지 않을 확률은 $(\frac{35}{36})^{24} = 0.509$이므로 드 메레가 내기에서 이길 확률은 $1-(\frac{35}{36})^{24} = 0.491$이다(각각의 확률은 반올림하여 소수점 셋째자리까지 표현).

(2018 서강대 수시전형 평가문항)

1 서강이는 2만 개의 구슬을 가지고 있고, 제시문에서 언급한 1개의 주사위를 4번 던지는 게임을 2만 번 반복해서 시행하려 한다. 각 게임에서 적어도 한 번 6이 나오면 서강이가 가진 구슬은 1개 늘어나고 그렇지 않으면 구슬 1개가 줄어드는 방식이다. 게임의 총 횟수 2만 번이 '큰수의 법칙'을 사용할 수 있을 만큼 충분히 큰 수라고 가정할 때, 모든 게임이 종료된 후 서강이는 대략 몇 개의 구슬을 가지고 있게 될지 설명하여라.

2 제시문에서 드 메레가 두 번째 내기의 규칙을 바꿔 2개의 주사위를 25번 던졌을 때 적어도 한 번 (6, 6)이 나오는 것에 내기를 걸었다고 하자. 그 내기가 드 메레에게 불리하지 않은 이유를 설명하여라.

✱ 생각 던지기

3   그대로 A문을 선택할 경우의 성과

경우	A문	B문	C문	성과
①	자동차	염소	–	자동차
②	염소	자동차	–	염소
③	염소	–	자동차	염소

선택을 바꿀 경우의 성과

경우	A문	B문	C문	성과
①	자동차	염소	–	염소
②	염소	자동차	–	자동차
③	염소	–	자동차	자동차

5 내가 계산하려고 선 곳은 왜 느릴까?

슈퍼마켓에 3개의 계산대가 있고, 그중 하나의 계산대에 줄을 섰다고 가정해 보자. 계산대가 3개 있으므로, 내가 선 줄이 가장 빨리 줄어들 확률은 1/3이다. 반면, 나머지 줄이 빨리 줄어들 확률은 2/3로 내가 선 줄이 가장 빨리 줄어들 확률의 2배다. 확률 값은 계산대의 개수가 많을수록 차이가 더 크다. 계산대의 개수를 n이라고 하면 내가 선 곳의 줄이 가장 빨리 줄어들 확률은 1/n이고 나머지 줄이 빨리 줄어들 확률은 (n-1)/n 으로 (n-1)배 커지는 것이다.

✱ 생각 넓히기

1 삶의 모습이 어떠하든 모든 것은 내 삶의 일부분으로 '나'라는 사람을 이룬다. 가장 중요한 것은 어둡고 힘든 순간에 무너지지 않고 다시 찾아 올 행복을 기쁨으로 기다리는 것이다. '고생 끝에 낙이 온다'는 말처럼, 절반의 확률로 힘든 시간을 견뎌 낸다면 나머지 절반의 확률로 행복이 찾아 올 것이다.

2 칼 야스퍼스는 한계상황에 직면하여 자신의 한계와 유한성, 무능력을 경험하지만 좌절하거나 도피하지 않고 그 상황을 정면으로 직시하면서 자신을 넘어서려고 할 때, 실존적 비약이 일어난다고 한다. 한계상황은 우리를 파괴할 수도 있지만, 동시에 잠재하고 있던 위대한 가능의 세계를 드러내 주기도 하며 위기의 극복을 통해 더 성숙하고 더 강한 인간으로 만들어 주는 기회가 된다. 중요한 것은, 선택은 바로 우리 자신에게 달렸다는 것이다.

"인간은 노력하는 한 방황하는 법이다."   – 괴테, 〈파우스트〉

08

확률과 통계(심프슨 역설) – 지식만 있는 통계, 지혜가 있는 사람

확률과 통계의 개념과 성질을 이용하여 앎에는 가치관이 필요하고, 삶에는 지혜가 필요함을 발견할 수 있다.

(가) 다음은 A, B 두 학원의 입시 합격률이다.

> 남학생: A학원 60% 합격, B학원 50% 합격
> 여학생: A학원 80% 합격, B학원 70% 합격

이 자료에 의하면 A학원은 남학생과 여학생 모두 B학원보다 합격률이 높다. 이에 근거하여 A학원은 B학원보다 전체 학생의 합격률이 높다고 홍보하고 있다. A학원의 주장에 대하여 B학원은 자신의 학원이 합격률이 더 높다고 반박한다.

(나) 작은 부분의 대소 관계가 부분을 합한 전체에서 역전이 되는 경우가 있다. 이러한 현상을 '심프슨의 역설'이라고 한다.

(다) 옛날 아라비아에 여자를 좋아하는 왕이 있었다. 왕은 되도록 많은 여자를 거느리고 싶어서 남자보다는 여자가 많은 나라를 만들고 싶어 했다. 왕은 고민하다가 다음과 같은 법을 제정했다. "누구든지 아들을 낳은 부모는 더 이상 자식을 낳을 수 없다." 왕은 그렇게 하면 딸이 많은 집은 있을 수 있지만 아들이 둘 이상 있는 집은 없을 것이라고 생각했다. 당연히 남자보다 여자의 수가 많아질 것이라고 여긴 것이다. 과연 왕의 생각대로 그 나라에는 여자가 남자보다 많아졌을까?

– 박종하,《수학, 생각의 기술》

(라) 키 170cm인 사람이 강을 건넌다면 평균 깊이가 120cm인 강과 평균 150cm인 강 중에서 어디로 건너는 게 좋을까? 당연히 120cm인 강을 건너야 안전한 것일까?

평균 깊이 120cm

평균 깊이 150cm

 ### 생각 던지기

1 글 (가)에서 B학원의 주장을 글 (나)의 '심프슨의 역설'을 근거로 들어 설명하여라.

2 글 (다)에서 왕의 생각처럼 그 나라에는 여자가 남자보다 많아졌을까? 그렇다면 그 이유를 설명하여라.

3 평균이란 자료 전체의 합을 자료의 개수로 나눈 값이다. 전체를 대표하는 값으로 자주 사용된다. 평균은 그 집단의 특성은 잘 나타낼 수 있지만, 구성원들 각각에 대한 특성은 알 수 없다. 글 (라)의 두 강 중 어느 강을 건너는 것이 더 안전할지 추측해 보아라.

 ### 생각 넓히기

우리 삶에서 심프슨 역설과 평균의 함정에 대한 사례에는 무엇이 있는지 말해 보자.

심프슨 역설이란?

$a > b$, $c > d$이면, $a+c < b+d$가 되는 현상을 말한다.

1 심프슨 역설을 제시된 사례를 중심으로 논리적으로 설명하여라.

1-1 학습에 대한 평가 결과는 어떻게 될까?

> A: 수업 태도도 좋고, 중간고사 준비를 위해 30일 동안 열심히 했다.
> B: 수업 태도도 좋지 않고, 시험 준비도 7일밖에 하지 않았다.

1-2 1cm짜리 측량도구로 1km의 거리를 측정하는 두 사람이 있다.

> A: $1+1+1+1+\cdots \Rightarrow$ 성실한 사람
> B: $1+1+2+4+\cdots \Rightarrow$ 지혜로운 사람

1-3 음식을 만드는 두 사람의 결과는 어떻게 될까?

> A: 가장 신선한 재료와 맛있는 양념을 이용하여 음식을 만들었다.
> B: 적당한 재료와 양념을 이용하여 음식을 만들었다.

1-4 다이어트를 하는 두 사람이 있다.

> A: 먹고 싶은 대로 먹고 운동도 그다지 열심히 안 한다.
> B: 음식 조절을 하면서 운동도 열심히 한다.

1-5 성경에 나오는 탕자의 비유 (누가복음 15:11~32)

> A(큰아들): 아버지 곁을 떠나지 않고 최선을 다해 섬기는 아들
> B(둘째아들): 자기 몫을 받아서 아버지를 떠나 재산을 탕진한 아들

1-6 먼저 된 자로서 나중 되고 나중 된 자로서 먼저 될 자가 많으니라.
$\Rightarrow$ 〈마태복음〉 19:23~30 / 〈마태복음〉 20:1~16

2 우리는 정보의 홍수 속에 살고 있다. 그 정보들이 나에게 어떤 의미가 있는가?

2-1 어떠한 정보를 수용할 때, 우리에게 필요한 자세는 무엇인가?

2-2 글 (가)에서 A학원이 B학원보다 남학생과 여학생 모두 합격률이 더 높다는 정보는 사실이지만, 한편으로 B학원의 주장도 옳다. 이에 비추어 사실과 진실의 차이에 대한 자신의 생각을 사례를 들어 설명하여라.

1 주사위를 던져 주사위 눈이 홀수가 나올지, 짝수가 나올지 맞추는 놀이를 하고 있다. 주사위를 던져서 짝수가 연속으로 여섯 번 나왔다면, 다시 주사위를 던질 때 당연히 홀수에 돈을 걸어야 할까?

2 20년 동안 복권을 산 할아버지와 한 번도 복권을 산 적이 없는 내가 같이 복권을 샀다면 할아버지가 복권에 당첨될 확률이 내가 복권에 당첨될 확률보다 높을까? 이 질문에 대하여 수학자 요한 베르누이는 주사위(복권)는 "양심도 기억력도 없다"는 말로 답했다. 그렇다면, 양심도 기억력도 없는 '확률'을 연구해야 하는 이유는 무엇인가?

3 학년 초 A, B 두 학급에 대하여 수학선생님인 갑과 을은 어떤 학급의 담임을 맡을 것인가에 대하여 대화를 나누었다. 다음은 A, B 두 학급의 수학 성적에 대한 자료이다.

> A학급 : 100점, 0점
> B학급 : 49점, 51점

3-1 평균과 분산의 개념과 원리를 설명할 수 있는가?
3-2 평균과 분산을 계산하고 그 값을 활용하여 그 상황을 판별하여라.
3-3 A, B 학급에 대한 두 선생님의 선택을 위한 기준은 무엇인가?

4 다음은 천양희 시인의 〈지혜〉이다. 글 (가)~(라)의 내용과 연계하여 '지혜'는 무엇인지 설명해 보자.

> 삶이 연습한다고 잘 살아가는 건 아닐 것입니다. 꿈을 가진다고 다 이루어지는 건 아닐 것입니다. 물이 흐른다고 다 깊어지는 건 아닐 것입니다. 사람을 만난다고 다 좋아지는 건 아닐 것입니다. 생각에 생각을 거듭하다 나는 문득 깨달았습니다. 생각의 끝에는 반드시 지혜가 따른다는 것을.

다음 글을 읽고 물음에 답하여라.

(가) 최근 '100세 시대'라는 말이 나올 정도로 고령화가 진행되고 있다. 이것은 유소년 인구가 감소하는 반면 노인 인구가 증가하기 때문에 발생한다. 유소년 인구의 감소는 경제활동을 하는 여성의 증가, 자녀 양육 및 교육에 대한 경제적 부담 증가 등에 따른 저출산 현상이 한 원인이다. 한편 노인 인구가 증가하는 이유는 경제 발전에 따라 삶의 질이 향상되고 의학 기술이 발달하여 평균 수명이 늘어났기 때문이다. 고령화로 인해 생산 가능 인구의 감소가 노동력 부족 문제로 이어져 국가 경쟁력의 악화를 초래할 수 있다.

(나) 아래 그림의 직각삼각형에서 $\sin\theta = \dfrac{\overline{AB}}{\overline{OA}}$ 이고 $\cos\theta = \dfrac{\overline{OB}}{\overline{OA}}$ 이다. ($0 < \theta < \dfrac{\pi}{2}$)

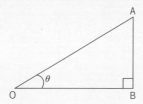

(다) 기체인 산소 분자와 수소 분자가 반응하면 이들과 전혀 다른 성질의 액체인 물이 된다. 이때, 물은 산소 원자 한 개와 수소 원자 두 개로 이루어져 있다. 메탄은 탄소 원자 한 개와 수소 원자 네 개가 결합하는 구조이고 암모니아는 질소 원자 한 개와 수소 원자 세 개가 결합하는 구조이다. 이와 같이 어떤 물질이 자체적으로, 또는 다른 물질과 상호 작용하여 화학적 성질이 다른 물질로 변하는 현상을 화학반응이라고 한다.

(라) 어느 대학 두 학과의 남학생과 여학생 지원자와 합격자 수는 다음과 같다.

	A 학과			B 학과			A와 B 두 학과 전체		
	지원자	합격자	합격률	지원자	합격자	합격률	지원자	합격자	합격률
남학생	400	300	75%	100	5	5%	500	305	61%
여학생	100	90	90%	400	40	10%	500	130	26%

남학생의 합격률이 각 학과별로는 여학생의 합격률보다 낮지만 전체적으로 보면 높다.

(2018 고려대 수시전형 평가문항)

1 제시문 (가)~(라)에서 공통적으로 떠오르는 단어를 말하고 그 이유를 설명하여라.

2 1번 문제에서 이야기한 단어를 이용하여 유도된 자연과학 이론이나 법칙의 사례를 하나 들고 그 관련성을 설명하여라.

3 1번 문제에서 이야기한 단어의 변화가 초래한 사례를 자연과학 이외의 분야에서 하나 제시하여라.

4 제시문 (나)를 이용하면 산의 높이나 강의 뚝 등을 측정할 수 있다. 제시문 (나)가 실생활에서 사용되는 사례를 제시하여라.

5 제시문 (라)와 관련하여 지원자의 전공분야에서 유의해야 할 사항을 이야기하여라.

출제 의도 ─────────────────────────────────

1. 제시문과 문항이 의도한 바를 정확하게 이해하였는지 평가한다.
2. 답변이 논리적 일관성을 유지하는지를 평가한다.
3. 타당한 주장과 근거를 바탕으로 적절한 답변을 제시하는지 평가한다.

문제 풀이 ▪ ▬

* 생각 던지기

1

	A학원의 합격률	B학원의 합격률
남자	60%(180명 합격 /300명)	50%(20명 합격 /40명)
여자	80%(80명 합격/100명)	70%(210명 합격 /300명)
합	65%(260명 합격/400명)	67.6%(230명 합격 /340명)

위의 내용을 식으로 나타내면 $\dfrac{a_1}{A_1} > \dfrac{b_1}{B_1}$ 이고 $\dfrac{a_2}{A_2} > \dfrac{b_2}{B_2}$ 이라고 반드시 $\dfrac{(a_1 + a_2)}{(A_1 + A_2)} > \dfrac{(b_1 + b_2)}{(B_1 + B_2)}$ 라고 말할 수는 없다. 이렇게 작은 부분의 대소 관계가 부분을 합한 전체에서 역전이 되는 현상을 '심프슨의 역설'이라고 한다.

3 안전하게 건너 갈 수 있는 강은 어느 쪽인가?

종이에 두 강의 바닥 모양을 그려보자. 평균 깊이 120cm인 강은 깊이가 얕은 곳은 10cm밖에 안 되지만 깊은 곳은 180cm가 넘어 매우 위험해 보인다. 반면 평균 깊이가 150cm인 강은 얕은 곳과 깊은 곳의 차이가 거의 없이 150cm로 일정하다.

평균 깊이 120cm

평균은 보통 전체를 대표하는 값으로 쓰인다. 그래서 평균기온, 평균점수, 평균수명 등 다양하게 활용되고 있다. 하지만 평균으로 모든 걸 해결하려고 해서는 안 된다.

평균 깊이 150cm

앞에서 살펴본 것처럼 강을 건널 땐 평균보다 가장 깊은 곳의 수심이 중요하다. 평균을 통해 그 집단의 특성은 잘 파악할 수 있지만, 집단 구성원들에 대한 특성은 헤아릴 수 없다. 평균에만 집착하다보면 함정에 빠진다.

조건부 확률의 개념과 원리를 통해 독립사건과 종속사건을 구분할 수 있다. 또한 독립과 종속이 균형을 이루는 올바른 삶의 태도를 배울 수 있다.

(가) 저것은 벽
어쩔 수 없는 벽이라고 우리가 느낄 때
그때, 담쟁이는 말없이 그 벽을 오른다
물 한 방울 없고 씨앗 한 톨 살아남을 수 없는
저것은 절망의 벽이라고 말할 때
담쟁이는 서두르지 않고 앞으로 나아간다

한 뼘이라도 꼭 여럿이 함께 손을 잡고 올라간다
푸르게 절망을 다 덮을 때까지
바로 그 절망을 잡고 놓지 않는다
저것은 넘을 수 없는 벽이라고 고개를 떨구고 있을 때
담쟁이 잎 하나는 담쟁이 잎 수천 개를 이끌고
결국 그 벽을 넘는다   - 도종환, 〈담쟁이〉

(나) 나에게는 버거운 상대
치고받고 난 후에 드러날 그림자 피하고 싶었다

오늘! 나는 상대에게 졌지만 나에게는 이겼다
휘슬이 울리는 순간 수많은 삶의 이야기를 가슴에 안고
다음 경기가 떠올랐다

아, 경기라는 것은 이렇게나 반복되며
나를 일어서게 하는 메아리   - 엄상호, 〈경기 종료〉

(다) 확률은 어떤 사건에 대하여 일어날 수 있는 모든 기대되는 경우의 수로 표현한다. 또한 두 사건에 대한 조건부확률에는 독립사건과 종속사건이 있다. 예컨대, 확률이 0이 아닌 두 사건 A, B에 대하여 사건 A가 일어났다고 가정할 때 사건 B가 일어날 확률을 사건 A가 일어났을 때의 사건 B의 조건부확률이라고 하고 $P(B|A)$ 또는 $P_A(B)$로 나타낸다. 두 사건 A와 B가 서로 독립이기 위한 필요충분조건은 $P(A \cap B) = P(A) \cdot P(B)$ 이다.

(라) 그림과 같은 6장의 카드 중에서 임의로 한 장을 꺼낼 때, 사건 A, B, C를 다음과 같이 정한다.

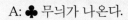

A: ♣ 무늬가 나온다.
B: 숫자 카드가 나온다.
C: 검은색 카드가 나온다.

다음 [보기] 중에서 서로 독립인 것끼리 짝지어진 것은?

보기
(가) A와 B   (나) A와 C   (다) B와 C

 생각 던지기

1 글 (다)의 내용을 이용하여 글 (라)를 설명하여라.

2 실수 세계의 일반적 논리에 의하면 $A \le B$, $B \le C$, $C \le A$이면 $A = B = C$가 성립한다.

  2-1 이와 같은 원리가 성립하는 경우와 성립하지 않는 경우에 대하여 예를 들어 설명해 보자.

2-2 위의 세 사건 A, B, C 사이에는 A와 B가 서로독립이고, B와 C는 서로독립이다. 그렇다면 사건 A와 C는 독립사건인가, 종속사건인가?

3 글 (다)를 이용하여 글 (가)와 (나)를 설명하여라.

🔍 생각 넓히기

1 2018년 S사의 면접시험에서 '당신의 브랜드 가치는 얼마인가?'라는 질문이 있었다고 한다. 확률이란 자신을 돌아보는 인문학적 이야기라고 할 때, 나의 브랜드 가치는 어느 정도 될까?

2 독립사건과 종속사건은 우리의 삶을 구성한다. 내 삶에 독립적인 사건과 종속적인 사건에는 어떤 것들이 있는가? 각각의 사건에 대하여 어떻게 행동하는가?

3 우리는 타인으로부터 자유하기를 소망한다. 즉 독립적인 존재이기를 바라지만 현실은 자유로울 수가 없다. 그 원인은 무엇인가?
➪ 인간은 사회적 동물이므로 서로에게 영향을 받고 살아가게 된다.

1 다음 글을 읽고 물음에 답하여라.

아리스토텔레스는 인간 행위의 이상적 기준으로 중용의 원리를 체계화하였다. 그에 의하면 중용이란 지나치거나 미치지 못함이 없이 꼭 알맞은 것을 말하며, 언제나 변함이 없이 바른 것을 말한다. 즉, 중용이란 덮어놓고 중간적인 것이 아니라, 인간 행위의 가장 참되고 불변하는 원리인 것이다. 인간에게는 누구나 충동과 욕망이 있는데 이것이 인간생활을 지배하게 해서는 안 되며, 부족과 과도의 중용으로 조정되어야 한다고 했다. 도덕적인 덕은 이 중용이 어느 정도로 실현되는가에 따라 생겨나며, 이때의 중용은, 행동이 양극단 사이의 중간을 취하는 것이되 수량적인 중간치가 아니라 최선성의 위치에 서는 것을 말한다. 가령 용기는 좋은 것이지만 지나치면 만용이 된다. 충동과 감정을 억제해서 한쪽으로 치우침이 없도록 하는 것이 중용의 핵심이다.

1-1 우리는 매순간 다양한 사건을 접하게 된다. 그 사건은 독립사건일까? 종속사건일까?

1-2 아리스토텔레스는 삶의 궁극적인 가치관으로 '중용'을 제시한다. 인생에서 사건을 접할 때, 어떤 가치관을 갖고 행동하겠는가?

2 조건부 확률은 교환법칙이 성립하지 않는다. 이것은 우선순위가 중요함을 의미하기도 한다. 사례를 들어 설명해 보자.

예컨대, 조건부확률(conditional probability)에서 $P(A|T) \neq P(T|A)$이다.
테러리스트 색출 문제에서 테러리스트인 사건을 T, 알람이 울리는 사건을 A라고 할 때,
테러리스트일 때, 알람이 울리는 확률 ⇨ $P(A|T)$
알람이 울렸을 때, 테러리스트일 확률 ⇨ $P(T|A)$

다음 글을 읽고 물음에 답하여라.

(가) 연잎 위의 물방울은 다른 곳에 있는 물방울보다 유난히 동그란 모양을 하고 있다. 과학자들은 전자 현미경을 통해 연잎을 관찰하여 연잎 표면에 있는 미세한 돌기들이 물을 튕겨 내고 있음을 발견하였다. 연잎은 이런 구조 덕분에 물에 잘 젖지 않는다. 이를 바탕으로 과학자들은 연잎과 같이 미세한 돌기가 있는 입자를 대량으로 생산하는 기술을 개발하기도 하였다.

(나) 소미는 수돗물이 들어 있는 시험관에 페놀프탈레인 용액을 떨어뜨린 후 어떠한 변화가 있는지 관찰하였고, 현아는 동일한 양의 수소와 산소기체를 용기에 넣고 24시간 후 어떠한 변화가 있는지 관찰하였다.

(다) 윤아는 한 개의 주사위를 한 번 던지는 시행에서 홀수의 눈이 나오는 사건과 2 이하의 눈이 나오는 사건을 관찰하였다.

(라) 문학평론, 신문기사와 칼럼, 연구논문 같은 글은 쉽게 읽고 명확하게 이해할 수 있는 글이어야 한다. 이렇게 글을 쓰려면 다음 네 가지에 유념해야 한다. 첫째, 무슨 이야기를 하는지 주제가 분명해야 한다. 둘째, 그 주제를 다루는 데 꼭 필요한 사실과 중요한 정보를 담아야 한다. 셋째, 그 사실과 정보 사이에 어떤 관계가 있는지 분명하게 나타나야 한다. 넷째, 주제와 정보와 논리를 적절한 어휘와 문장으로 표현해야 한다.

(2018 고려대 수시전형 평가문항)

1 제시문 (가)~(다)에서 공통적으로 발견되는 상황이 '상호작용 없음'이라면 각 제시문 들을 이에 따라 설명하여라.

2 1번 문제에서의 '상호작용 없음'에 해당되는 사례를 사회현상에서 하나 들고 그 이유를 설명하여라.

＊ 생각 던지기

2-2 ♣ 무늬 카드는 2장, 숫자 카드는 3장, 검은색 카드는 4장이므로

A, B, C가 일어 날 확률은 $P(A) = \dfrac{2}{6}$, $P(B) = \dfrac{3}{6}$, $P(C) = \dfrac{4}{6}$

한편, $P(A \cap B) = \dfrac{1}{6}$, $P(B \cap C) = \dfrac{2}{6}$, $P(A \cap C) = \dfrac{2}{6}$ 이므로

$P(A \cap B) = P(A)P(B)$, $P(B \cap C) = P(B)P(C)$, $P(A \cap C) \neq P(A)P(C)$

∴ A와 B가 서로독립이고, B와 C는 서로독립이다.

　하지만, A와 C는 종속사건이다.

10

확률과 통계 – 프레임을 바꾸면 세상이 달라 보인다

프레임의 차이로 현상을 바라보는 태도가 달라질 수 있음을 밝히고 확률과 통계의 개념과 원리를 통해 유네스코 세계시민의 자질 중 하나인 비판적 사고 능력에 대해 생각해 볼 수 있다.

(가) 다음은 ○○학교에서 2학년 학생을 대상으로 조사한 방과 후 수업에 대한 통계자료이다. 자료1은 A학생에 의해 설문조사가 이루어졌고, 자료2는 B학생에 의해 이루어졌다고 한다. 같은 학교에서 같은 학생을 대상으로 조사한 설문조사임에도, A학생은 긍정적인 인식을, B학생은 부정적인 인식을 가지고 있다고 주장한다. 서로 다른 결과가 나타나는 이유에 대해 생각해 보자.

[자료1] – A학생

선택지 내용 / 학년	2학년	3학년	총합
① 전혀 만족하지 못한다.	1	0	1
② 만족하지 못 한다	1	4	5
③ 다소 만족하는 편이다	7	13	20
④ 매우 만족한다.	2	2	4

[자료2] – B학생

선택지 내용 / 학년	2학년	3학년	총합
① 매우 만족한다.	0	0	0
② 만족한다.	5	4	9
③ 만족하지 못하며, 문제가 보완되어야 한다.	5	14	19
④ 전혀 만족하지 못한다.	1	1	2

(나) 다음은 홍경래의 스승과 제자 홍경래 사이에 주고받은 시(詩)이다.

山不渡 江江畔立, 水難透石石頭流
산은 강을 건너지 못해 강가에 있고,
물은 돌을 뚫기 어려워 돌 머리로 흐르는구나.

－ 스승

山欲渡 江江畔立, 水將透石石頭流
산은 강을 건너고 싶어 강가에 있고,
물은 장차 돌을 뚫기 위해 돌 머리로 흐르는구나.

－ 홍경래

(다) 달을 보면 늑대가 되는 사람이 있는가 하면
달을 보면 이태백이 되는 사람도 있습니다.

술에 취해 개가 되는 사람이 있는가 하면
술에 취해 사랑을 노래하는 사람도 있습니다.

실패로 폐인이 되는 사람이 있는가 하면
실패를 성공의 밑거름으로 쓰는 사람도 있습니다.

똑같은 경험을 하더라도
상처로 남기느냐 교훈으로 삼느냐는
그 사람의 몫에 달렸습니다.

－ 이창현, 〈몫〉

1 다음은 글 (가)에서 두 사람이 설문조사한 자료의 일부분이다. 물음에 답하여라.

현재 ○○고등학교는 학생들의 추가적인 학습필요를 충족시키기 위해서 여름방학 기간 중 방과 후 수업을 실시하고 있습니다. 본 설문지는 이러한 수업의 만족도와 필요성을 조사하기 위한 질문 문항입니다.

- -

[통계자료1: 설문조사지]
　　　⋮

3. 여름방학 방과 후 프로그램은 학생 스스로 하기에 어려움이 있는 자율활동과 수시 준비에 도움이 된다고 생각하십니까?
(1) 전혀 그렇지 않다　　(2) 그렇지 않다　　(3) 대체로 그렇다　　(4) 매우 그렇다

4. 여름방학 방과 후 수업에 만족하십니까?
(1) 전혀 만족하지 못 한다　　(2) 만족하지 못 한다　　(3) 다소 만족하는 편이다
(4) 매우 만족한다

[통계자료2: 설문조사지]
　　　⋮

3. 현재 귀하는 여름 방학 방과 후 프로그램을 원하는 시간에 수강하고 계십니까?
(1) 그렇다　　(2) 그렇지 않다

4. 현재 ○○고에서 시행하는 여름 방학 방과 후 수업에 대해 어떻게 생각하십니까?
(1) 매우 만족한다　　(2) 만족한다　　(3) 만족하지 못하며, 문제가 보완되어야 한다
(4) 전혀 만족하지 못한다

1-1 글 (가)에서 설문조사 결과가 다르게 나타나는 이유가 무엇인지 설문지를 근거로 제시하여라.

1-2 통계자료 1, 2에 나타난 긍정적인 답변, 부정적인 답변은 각각 전체의 몇 퍼센트인지 구하여라.

2 글 (나)의 스승과 제자 사이에 주고받은 시를 통해 관점의 차이를 엿볼 수 있다. 그것은 무엇인가?

3 글 (가)~(다)를 통해 엿볼 수 있는 공통점과 차이점에 대하여 핵심어를 제시하여 설명하여라.

🔍 생각 넓히기

글 (가)~(다)의 제시문은 모두 프레임의 차이에 대해 말하고 있다. 다음은 이에 대하여 자아성찰에 대한 의지를 표현한 글이다. 글을 읽고 물음에 답해 보자.

> 세상이 아름다웠으면 좋겠습니다.
> 어떻게 하면 될까요? 세상은 항상 그대로입니다.
> 해결의 열쇠는 나에게 있습니다. 프레임의 문제였습니다.
> 세상이 아름답지 못한 것은 내 마음이 아름답지 못한 것이요,
> 세상이 아름다운 것은 내 마음이 아름다움을 방증하는 것이었습니다.

1 프레임의 차이에 따라 달라지는 상황이 달라지는 예를 들어 보자.

  1-1 그러한 상황 속에서 나는 어떤 태도를 가지는가?

2 부정적인 프레임을 가진 사람이 긍정적인 프레임을 가지고 싶어 한다면 어떠한 조언을 해줄 수 있을까?

💬 생각 나누기

1 다음 상황을 통해 우리가 가지고 있는 프레임에 대해 생각해 보자.

1-1 여대생이 밤에 술집에서 아르바이트를 한다면 사람들은 손가락질을 할 것이다. 하지만, 술집에서 일하는 아가씨가 낮에 학교를 다니면서 공부를 한다면 사람들의 반응은 어떻게 다를까?

1-2 다음 글에서 세실과 모리스의 질문에 대한 랍비의 대답은 전혀 다르다. 그 원인은 무엇인가?

> 어느 날, 세실과 모리스가 예배를 드리러 가는 중이었다.
> 세실이 물었다. "모리스, 자네는 기도 중에 담배를 피워도 된다고 생각하나?"
> 모리스가 대답했다. "글쎄, 잘 모르겠는데, 랍비께 한번 여쭤보는 게 어떻겠나?"
>
> 세실이 먼저 랍비에게 다가가 물었다. "선생님, 기도 중에 담배를 피워도 되나요?"
> 랍비는 정색을 하면서 대답했다. "형제여, 기도는 신과 나누는 엄숙한 대화인데, 절대 그럴 수 없지."
>
> 세실로부터 랍비의 답을 들은 모리스가 말했다. "그건 자네가 질문을 잘못했기 때문이야! 내가 가서 다시 여쭤 보겠네"
>
> 이번에는 모리스가 물었다. "선생님, 담배 피우는 중에는 기도를 하면 안 되나요?"
> 랍비는 얼굴에 온화한 미소를 지으며 말했다. "형제여, 기도는 때와 장소가 필요 없다네. 담배를 피우는 중에도 기도는 얼마든지 할 수 있는 것이지"

2 '미운 사람 하면 떠오르는 사람은 누구인가?'라는 질문을 받고 사람들은 다양한 답을 제출했다. 어떤 사람은 '얄'을 붙여서 '얄미운 사람'을 떠올리기도 했지만, '미'를 '美'로 생각해서 '아름다운 사람'을 떠올린 경우도 있다. 그 차이는 무엇 때문인가?

제시문 (가)와 (나)를 읽고 다음 질문들에 대해 근거를 제시하여 답하여라.

(가) 판결에는 두 가지 종류의 오류가 있다. 하나는 유죄를 무죄로 판결하는 오류이고 다른 하나는 무죄를 유죄로 판결하는 오류이다. 다음의 세 가지 재판 제도를 가정하자.

법관 제도: 법관이 유죄 여부를 판결한다.

각 경우에 법관이 유죄 혹은 무죄로 판결할 확률은 다음 표와 같다.

	피고인이 유죄인 경우	피고인이 무죄인 경우
유죄로 판결	0.8	0.1
무죄로 판결	0.2	0.9

배심원 제도: 일반 시민 2명으로 구성된 배심원단이 유죄 여부를 평결하고, 법관이 이에 따라 판결한다. 배심원 2명은 각자 독립적으로 판단하며, 2명이 모두 유죄로 판단한 경우에만 배심원단은 유죄로 평결하고 그렇지 않은 경우에는 무죄로 평결한다. 판단의 정확도 면에서 비전문가인 배심원 각자는 전문가인 법관에 비해 낮다. 각 경우에 배심원 한 사람이 유죄 혹은 무죄로 판단할 확률은 다음 표와 같다.

	피고인이 유죄인 경우	피고인이 무죄인 경우
유죄로 판단	0.7	0.2
무죄로 판단	0.3	0.8

혼합형 제도: 두 배심원의 판단이 일치하면 일치된 판단이 배심원단의 평결이 되고, 법관은 이에 따라 판결한다. 두 배심원의 판단이 일치하지 않으면 법관이 독립적으로 유죄 여부를 판결한다.

(나) 좋은 사법제도에 대한 몽룡과 춘향의 주장

> 몽룡: 범인을 놓치지 않고 사회로부터 격리시킬 수 있어야 좋은 사법제도이다. 죄가 있는 사람이 무죄 판결을 받고 풀려난다면 그로 인한 사회적 비용이 크다.
>
> 춘향: 억울한 사람을 만들지 않아야 좋은 사법제도이다. 죄가 없는 사람이 유죄 판결을 받으면 그로 인한 사회적 비용이 크다.

(2016 고려대 수시전형 평가문항)

1 (가)의 법관 제도와 배심원 제도 각각에 대해 두 가지 오류의 확률을 구하여라. 이를 바탕으로 법관 제도와 배심원 제도 중 (나)의 몽룡과 춘향은 어느 쪽이 더 좋다고 생각할지 각각 설명하여라.

2 유죄의 피고인 한 명이 무죄 판결을 받을 경우 발생하는 사회적 비용은 1이고, 무죄의 피고인 한 명이 유죄 판결을 받을 경우 발생하는 사회적 비용은 X이다. 평균적으로 100명의 피고인 중 무죄인 피고인은 80명, 유죄인 피고인은 20명이다. (가)의 법관 제도에서 100명의 피고인을 판결할 때, 유죄인데 무죄 판결을 받는 피고인의 평균적인 숫자와 무죄인데 유죄 판결을 받는 피고인의 평균적인 숫자를 구하여라. 100명의 피고인을 판결할 때, 법관 제도에서 평균적으로 발생하는 사회적 총비용이 배심원 제도에서 평균적으로 발생하는 사회적 총비용보다 더 작아지는 X의 범위를 구하여라.

3 (가)의 혼합형 제도에서 두 가지 오류의 확률을 구하여라. 이를 근거로 혼합형 제도와 법관제도를 비교하여 평가하여라.

출제 의도

1. 각각의 제시문을 읽고, 제시문 간의 연관관계를 추론할 수 있는 논리적 통합적 사고력을 평가하고자 한다.

2. 기술된 지문을 보고 정확히 해석하여 엄밀한 모형을 설정하여 분석하는 능력을 평가하는 데 주안점을 둔다. 고등 교육과정에서 배우는 사칙연산과 확률에 대한 기초적 이해를 바탕으로 논리적 추론을 할 수 있는지 평가하고자 한다.

* 생각 던지기

1-1 제시문 (가), (나), (다)는 모두 보는 관점에 따라 달라지는 것들에 대한 프레임의 차이에 대해 말하고 있다.

두 설문조사지를 비교하면 1은 상대적으로 '여름방학 방과 후 수업 만족'에 프레임을 맞추고 2는 상대적으로 '여름방학 방과 후 수업 불만족'에 프레임을 맞추어 대답을 유도하고 있음을 찾을 수 있다.

설문조사 1에서는 '학습 필요를 충족시키기 위해서', '학생 스스로 하기에 어려움이 있는' 등의 표현을 사용해 방과 후 수업의 필요성을 강조하였고, 선지에도 '대체로 그렇다', '다소 만족하는 편이다' 등에서 '대체로', '다소'의 애매모호한 부사를 사용해 긍정적인 답변을 유도했음을 찾을 수 있다.

반면, 설문조사 2에서는 2번 문항에서 '완전히' 자율적 의지로 선택하였다의 선지로 100%의 확실한 긍정적인 면이 있어야만 긍정적인 답변을 택하도록 유도하였다. 또한 마지막 질문에서도 '만족하지 못하며, 문제가 보완되어야 한다'로 해결 방안까지 제시하며 질문을 유도했음을 찾을 수 있다.

이처럼 설문조사는 작성자의 프레임이나 의도에 맞게 충분히 달라질 수 있고 유도될 수 있음을 알아야 한다. 또한 합리적 사고를 통한 합의를 할 수 있는 태도를 길러야 한다.

11

확률(피터스버그 역설) – 인간의 욕심은 끝이 없고, 같은 실수를 반복한다

기댓값에 대한 개념과 원리를 이용하여, 우리가 어떤 기대치를 가지고 살아가고 있는지, 그 기대에 부응하기 위한 삶의 로드맵은 무엇인지에 대해 답할 수 있다.

(가) 상트페테르부르크라는 도시의 도박장에는 동전을 던져서 하는 도박이 있다. 도박의 규칙은 아래와 같다.

- 동전을 던져 뒷면이 나오면 계속 던진다.
- n번째 던졌을 때 처음 앞면이 나오면 게임이 종료되고, 2^{n-1}루블만큼의 상금을 지급한다.
- 이 도박의 참가비는 10,000루블이다.

그러나, 어느 누구도 이 도박에 참가하려 하지 않는다. 그 이유는 무엇일까?

(나) 기댓값이란 일어날 수 있는 사건 전체에 대하여 각각의 사건이 일어날 때의 이득과 그 각각의 사건이 일어날 확률을 곱한 값을 모두 합한 값이다. 이에 대하여 기댓값이 수렴하지 않고 무한히 발산함에도 이득을 취할 수 없는 것을 '피터스버그의 역설'이라고 한다. 즉, 기대치(기대소득)가 사람들의 의사결정 기준이 아님을 말한다.

(다) 도박하는 사람들은 불확실한 것을 얻기 위해 확실한 것을 건다.

–파스칼

(라) 한 장군이 병사들을 이끌고 적진을 향해 가던 중 작은 강 하나를 만나게 된다. 장군은 그 동네 노인에게 평균수심이 얼마인지 물었다. 노인은 강의 평균 수심이 약 140cm라고 알려주었다. 장군은 병사들의 평균키가 165cm이므로 강의 평균수심이 140cm라면 건널 수 있을 것이라고 판단하여 걸어서 강을 건너도록 명령했다. 그러나 병사들이 강의 중간쯤 건널 때 수심은 갑자기 그들의 키보다 훨씬 깊어졌고 병사들은 모두 물에 빠져 버리고 말았다. 이는 장수가 간과한 평균의 문제점 때문이다. 병사들을 모두 물에 빠트린 평균의 문제점과 우리 삶의 괴리는 무엇인가?

📖 생각 던지기

1 글 (가)의 질문을 글 (나)에 근거하여 설명하여라.

2 기댓값과 평균을 정의하고 일상생활 속에서 기댓값과 평균이 적용되는 사례를 들어 설명하여라.

3 글 (가)는 무한급수의 개념을 이용해야 해결할 수 있다. 수열 $\{a_n\}$에 대하여 다음 물음에 답하여라.

3-1 무한급수 $\displaystyle\sum_{n=1}^{\infty} a_n$의 값에 대하여 수렴과 발산을 설명하여라.

3-2 $\displaystyle\sum_{n=1}^{\infty} (a_n - 2019) = 2020$ 일 때, $\displaystyle\lim_{n\to\infty} a_n$의 값을 구하여라.

1 인간의 삶을 도박에 비유한다면 글 (다)에 근거하여 나는 어떤 도박을 하고 있는가?

2 '책의 표지만 보고 그 책을 판단하지 말라'는 말을 피터스버그 역설과 연관지어 자신을 소개해 보자.

3 글 (라)에서 병사들을 이끌고 있는 장군이 나의 지도자라면 어떻게 하겠는가? 병사를 이끌고 가는 장군이 갖추어야 할 것은 무엇이라고 생각하는가?

4 다음 글을 읽고 글 (가)~(라)를 근거로 하여 자신의 생각을 나누어 보자.

> • 수술 성공 가능성이 30%인 의사가 있다. 그가 성공한 수술에는 췌장암 수술, 위암 수술, 성전환 수술 등이 있다. 이런 의사에게 간이식 수술을 부탁해도 될까?
>
> • 기상청에서 3일간의 강수 확률을 첫째 날은 60%, 둘째 날은 80%, 셋째 날은 20%라고 예측했다. 3일 중 실제 비가 온 날은 둘째 날 하루였다. 4일 째 되는 날의 강수량을 70%라고 했을 때 과연 비가 올까?

1 피터스버그 역설이란, 도박에서 버는 돈의 기댓값이 무한대로 발산함에도 아무도 도박에 참가하지 않는 것을 의미한다. 다음 글을 중심으로 피터스버그 역설을 설명하여라.

> • 효용과 가치
> 사람마다 가치관이 다르기 때문에 느끼는 효용도 달라진다. 효용이 아무리 높은 것이라도 누군가는 선택하지 않는 경우가 있다.
>
> • 취향의 차이
> 사람들이 많이 시청하는 드라마나 영화를 오히려 좋아하지 않는 사람도 있다. 많은 수익을 내고 대다수의 사람들이 즐겨 보는 것이라면 재미있을 확률이 높지만, 그와 상관없이 자신이 좋아하는 장르만을 고집하는 사람도 있다.

2 우리는 어떤 일에 대하여 기대치를 가지고 살아가게 된다. 그 기대치에 미치는 경우와 미치지 못하는 경우에 대한 경험을 떠올려 보고, 당시 상황에 대한 나의 자세에 대해 나누어 보자.

3 스스로에 대한 기대치는 꿈이라 할 수 있고, 상대에 대한 기대치는 나의 소망이라 할 수 있다. 이처럼 기대를 거는 대상에 따라 다른 심리를 가지게 되는 이유는 무엇일까?

다음 글을 읽고 물음에 답하여라.

(가) 기댓값이란 일어날 수 있는 사건 전체에 대하여 각각의 사건이 일어날 때의 이득과 그 각각의 사건이 일어날 확률을 곱한 값을 모두 합한 값이다.

(나) 다음 중 하나를 선택해야 할 때, 사람들은 일반적으로 [B]를 선택한다고 한다.

[A] 10억의 수익을 올릴 확률이 90%이고, 수익을 올리지 못할 확률이 10%
[B] 8억의 수익을 올릴 확률이 100%

(다) 다음 중 하나를 선택해야 할 때, 사람들은 일반적으로 [C]를 선택한다고 한다.

[C] 10억의 손실을 올릴 확률이 90%이고, 손실을 입지 않을 확률이 10%
[D] 8억의 손실을 입을 확률이 100%

(2016 고려대 수시전형 평가문항)

1 제시문 (나)와 (다)에서 사람들이 선택을 할 때 보이는 경향에 대해 제시문 (가)와 관련하여 설명하여라.

2 과학과목 또는 자연현상에서 제시문 (나) 또는 (다)와 유사한 예를 찾아 제시하여라.

3 내가 의사라면 다음 두 종류의 신약 중 환자에게 어떤 것을 처방할지 선택하고 그 이유를 제시하여라.

[E] 치료율이 높지만 부작용이 발생할 가능성도 높은 신약
[F] 부작용이 발생할 가능성이 낮지만 치료율도 낮은 신약

1. 제시문을 통해 관찰되는 현상과 그 원인을 올바르게 판단할 수 있는지 파악하여 전공적합성을 알아보고자 한다.

2. 과학과목 또는 자연현상에서 위험을 피하고 안정을 추구하는 현상을 적절히 찾아낼 수 있는지 파악하고자 한다.

3. 전공 분야에서 갈등요소가 발생할 때 적절히 판단할 수 있는지 파악하여 인성을 알아보고자 한다.

* 생각 던지기

1 글 (가)의 질문에 대한 답은 (나)에 의해 사람들이 기댓값에만 의지하지 않고 의사 결정을 했기 때문이라 할 수 있다.

(나) $E = \dfrac{1}{2} \cdot 1 + \dfrac{1}{4} \cdot 2 + \dfrac{1}{8} \cdot 4 + \cdots$

$\qquad = \dfrac{1}{2} + \dfrac{1}{2} + \dfrac{1}{2} + \dfrac{1}{2} + \cdots$

$\qquad = \displaystyle\sum_{k=1}^{\infty} \dfrac{1}{2} = \infty$

즉, 일반항이 $\left(\dfrac{1}{2}\right)^n \times 2^{n-1}$일 때의 기댓값이 무한히 발산함을 알 수 있다.

3-1 $\displaystyle\lim_{n \to \infty} a_n = 0$일 때, $\displaystyle\sum_{n=1}^{\infty} a_n$의 값이 수렴할 수도 있다.

그러나 $\displaystyle\lim_{n \to \infty} a_n \neq 0$이면 $\displaystyle\sum_{n=1}^{\infty} a_n$은 발산한다.

3-2 무한급수 $\displaystyle\sum_{n=1}^{\infty} (a_n - 2019)$이 수렴하므로 $\displaystyle\lim_{n \to \infty} (a_n - 2019) = 0$

$\therefore \displaystyle\lim_{n \to \infty} a_n = 2019$

12 등식 – 사랑은 방정식일까, 항등식일까?

등식의 정의와 성질을 이용하여 방정식과 항등식을 구분하고 사랑의 종류와 그에 따른 사랑의 가치를 통해 사랑의 본질이 무엇인지 발견할 수 있다.

(가) 등식에는 방정식과 항등식이 있다. 방정식은 특정한 수에 대하여 성립하는 것이라면 항등식은 어떠한 수에 대하여도 항상 성립하는 식을 말한다. 예컨대, x에 대한 등식 $ax=b$를 만족하는 해는 크게 세 가지로 나타난다. 오직 하나의 근, 모든 수, 근을 갖지 않는 경우이다.

(나) 내가 당신을 사랑하는 것은 까닭이 없는 것이 아닙니다
다른 사람들은 나의 홍안만을 사랑하지마는
당신은 나의 백발도 사랑하는 까닭입니다

내가 당신을 그리워하는 것은 까닭이 없는 것이 아닙니다
다른 사람들은 나의 미소만을 사랑하지마는
당신은 나의 눈물도 사랑하는 까닭입니다

내가 당신을 기다리는 것은 까닭이 없는 것이 아닙니다
다른 사람들은 나의 건강만을 사랑하지마는
당신은 나의 죽음도 사랑하는 까닭입니다

― 한용운, 〈사랑하는 까닭〉

(다) 오직 너희는 원수를 사랑하고 선대하여 아무것도 바라지 말고 꾸어 주라. 그리하면 너희 상이 클 것이요 또 지극히 높으신 이의 아들이 되리니 그는 은혜를 모르는 자와 악한 자에게도 인자하시니라.

― 〈누가복음〉 6:35

(라) 심리학자가 정의한 6가지 사랑의 종류가 있다. 열정적인 사랑 에로스(eros), 유희적인 사랑 루두스(ludus), 친구 같은 사랑 스톨게(storge), 소유적인 사랑 마니아(mania), 실용적인 사랑 프라그마(pragma), 헌신적인 사랑 아가페(agape)이다. 이 외에도 사랑을 다양하게 정의하고 있다.

 생각 던지기

1 글 (가)의 등식에 대하여 설명하고, x에 대한 등식 $ax=b$를 만족하는 해를 구하여라.

2 글 (가)에 근거하여 글 (나)와 (다)를 설명하여라.

3 다니엘과 세 친구는 느부갓네살 왕이 만든 금 신상에 절하지 않아서 왕 앞에 끌려와 풀무 불에 던져질 위기 상황에 놓였다. 이 이야기를 통해 글 (가)의 개념을 설명해 보자.

사드락과 메삭과 아벳느고가 왕에게 대답하여 이르되, 느부갓네살이여 우리가 이 일에 대하여 왕에게 대답할 필요가 없나이다. 왕이여 우리가 섬기는 하나님이 계시다면 우리를 맹렬히 타는 풀무 불 가운데에서 능히 건져 내시겠고 왕의 손에서도 건져 내시리이다. 그렇게 하지 아니하실지라도 왕이여 우리가 왕의 신들을 섬기지도 아니하고 왕이 세우신 금 신상에게 절하지도 아니할 줄을 아옵소서.

- 〈다니엘〉 3:16~18

4 글 (라)에서 말하는 사랑을 글 (가)의 내용과 연결하여 설명하여라.

1 집합 $A=\{1, 2, 3\}$의 부분집합을 이용하여 조건이 있는 사랑(방정식)과 조건이 없는 사랑(항등식)에 대하여 설명해 보자.

2 글 (나)와 (다)에서 방정식의 개념과 항등식의 개념을 찾아보자.

  2-1 나에게 방정식과 항등식의 개념에 해당하는 것은 무엇이 있는가?

  2-2 예수는 '네 원수를 사랑하라'고 한다. 그렇다면 나의 원수는 누구인가?

3 다니엘과 세 친구들처럼 어떠한 압박과 유혹에도 나의 뜻을 정하여 흔들리지 않을 자신이 있는가? 있다면 그 이유는 무엇인가?

4 이 땅에 태어난 이유를 다음과 같이 전제한다고 할 때, 자신의 성장 단계에 따른 삶의 이야기를 글 (라)에서 제시한 사랑과 연결하여 말해 보자.

> 당신은 사랑받기 위해 태어난 사람
> 당신은 사랑하기 위해 태어난 사람
> 당신은 서로 사랑하기 위해 태어난 사람

5 처음의 나는 미지수에 불과하지만 인생을 살아가면서 더하고, 빼고, 곱하고, 나누다 보면 마침내 나를 찾을 수 있다. 다음과 같이 따라 해 보자.

> 1) 임의의 수 하나를 떠올린다. 그리고 생각한 수에 다음을 적용해 보자.
> 2) 2를 더한다.
> 3) 2를 곱한다.
> 4) 2를 뺀다.
> 5) 2로 나눈다.
> 6) 처음에 생각했던 수를 뺀다.

생각 나누기

1 등식의 뜻을 다음과 같이 설명하여라. '(좌변)=(우변)'으로 표현할 수 있는 자신의 마음을 [보기]와 같이 등식으로 나타내고, 그 이유를 설명하여라.

> 보기
>
> (수학을 좋아함)=(영어를 좋아함)
> 왜냐하면, 세상을 읽는 데 똑같이 필요하다.

* 생각 던지기

2 한용운의 시 〈사랑하는 까닭〉에 대하여,

첫째, 열린구간과 닫힌구간의 개념으로 설명할 수 있다.
첫 연에서 화자가 '당신'을 사랑하는 까닭은 다른 사람들은 화자의 홍안만을 사랑하지만 '당신'은 백발까지도 사랑하기 때문이라고 한다. 또한 다른 사람들은 화자의 눈물과 죽음을 불 포함한 열린구간으로 화자를 사랑하지만 '당신'은 눈물과 죽음까지도 포함한 닫힌구간과 같은 사랑을 하고 있다.

둘째, 등식의 관점에서 방정식과 항등식의 개념으로 설명할 수 있다.
방정식은 특정한 조건에 맞는 수를 대입해야만 성립하지만 항등식은 어떠한 수를 대입해도 성립한다. 따라서 '당신'의 사랑은 항등식과 같은 백발, 눈물, 죽음까지도 사랑하는 조건 없는 사랑이라고 할 수 있다.

* 생각 넓히기

1 부분집합: $\varnothing$, {1}, {2}, {3}, {1, 2}, {1, 3}, {2, 3}, {1, 2, 3}
집합 {1, 2, 3}의 각 원소들을 다양한 나의 모습이라고 할 때, 어떠한 모습도 사랑하지 않는 사람(공집합), 1만을 사랑하는 사람, 1과 2만을 사랑하는 사랑… 등이 있을 수 있다. 하지만 나의 모든 것을 용납하는 사랑은 부모님과 하나님의 사랑뿐이다. 세상 사람들은 나의 특정 부분인 조건에만 관심을 가지고 그에 대한 사랑을 말한다.

5 1) 임의의 수를 x라 하자.
2) $x+2$
3) $2(x+2)=2x+4$
4) $2(x+2)-2=2x+2$
5) $\dfrac{2x+2}{2}=x+1$
6) $x+1-x=1$

1 (독서)=(지식)

왜냐하면, 책을 읽는 것과 지식이 쌓이는 것은 비례하기 때문이다.

(첫사랑)=(시험)

왜냐하면, 다시 하면 잘 할 수 있을 것 같기 때문이다.

(자연)=(생명)

왜냐하면, 자연을 이루는 것은 모두 생명이기 때문이다.

세 번째 생각여행

멀리 있어 보아야
알게 되는 사랑

13

함수의 극한 – 상처를 별로 바꾸는 법

함수의 극한에 대한 개념과 원리를 통해 꿈을 향한 삶의 길에서 걸림돌을 디딤돌로 만들어 가는 삶의 지혜를 발견한다.

(가) 함수 $f(x)$에서 x가 어떤 값 a에 한없이 가까워짐에 따라 $f(x)$가 일정한 값 b에 한없이 가까워지면 $f(x)$는 b에 수렴한다고 하고 기호로 다음과 같이 나타낸다. $x \to a$일 때, $f(x) \to b$, 또는 $\lim_{x \to a} f(x) = b$

(나) 세상을 살아가다 보면 누구나 상처(scar)를 받을 때가 있다. 그 상처를 잘 극복하면 별(star)이 되지만 그렇지 못하면 절망하게 된다. 하지만 상처를 극복하여 별이 되도록 하는 것은 쉬운 일이 아니다. 상처를 받으면 상황은 어둡게만 보인다. 그 어두운 현실을 밝게 만들기 위해서는 다시 일어설 용기가 필요하다.

(다) 헬렌 켈러는 장애를 극복한 사회운동가이다. 어렸을 때 열병으로 눈, 코, 귀의 기능이 상실되는 중증장애를 입고, 사람을 피하고 두려워하는 힘든 시간을 겪었다. 하지만 설리번 선생의 도움으로 상처를 극복할 수 있었고 지금은 세계인에게 꿈과 희망을 보여준 사람으로 알려져 있다.

(라) 넬슨 만델라는 "용기 있는 사람은 두려움을 느끼지 않는 사람이 아니라 두려움을 정복하고 압도하여 뛰어넘는 사람이다. 두려움 너머의 밝은 미래를 볼 수 있어야 한다"고 말했다.

(마) 천재 과학자 아인슈타인은 학창시절에 부적응을 이유로 학교에서 쫓겨난 불우한 과거가 있었다. 하지만 부모님의 사랑과 끝없는 자기발전을 통해 세계 정상의 자리에 우뚝 설 수 있었다.

(바) If you change a thinking, then be chance.

– 빌 게이츠

생각 던지기

1 수학기호는 인간의 삶의 문화와 철학이 담긴 고급언어이다. 글 (가)에서 설명하고 있는 함수의 극한에 대한 개념과 원리를 이용하여 다음 문장들을 식으로 표현해 보자.

    1-1 상처를 극복하면 별이 된다.

    1-2 어두운 현실을 밝은 현실로 바꾸어야 한다.

    1-3 사랑을 받으면 더불어 살아가는 사람이 된다.

    1-4 생각을 바꾸면 기회가 된다.

2 넬슨 만델라는 "용기 있는 사람은 두려움을 느끼지 않는 사람이 아니라 두려움을 정복하고 압도하여 뛰어넘는 사람이다"라고 말한다. 헬렌 켈러와 아인슈타인의 삶의 이야기를 통해 그들의 상처는 무엇이었는지 생각해 보고, 그 상처를 극복하게 된 원동력은 무엇이었는지 나누어 보자.

생각 넓히기

1 헬렌 켈러는 "비록 세상이 고통으로 가득하더라도, 그것을 극복하는 힘도 가득하다"고 노래했다.

    1-1 내 삶에 상처가 되는 것은 무엇이 있는가?

    1-2 상처를 극복하기 위한 방안은 무엇인가?

    1-3 꿈꾸는 자신의 모습은 무엇인가?

2 나에게 상처를 주는 사람들은 누구일까?

⇨ 내가 사랑하는 사람이다. 내가 끝까지 책임지고 싶은 사람이다.
   나에게 꿈과 희망을 가지고 있는 사람이다.
   나를 미워하고 시기하는 사람이 주는 상처는 훈장일 뿐이다.

3 상처를 극복하여 별을 만든 사람들의 사례를 들어 설명해 보자.

4 꿈이 있는 사람에게는 반드시 그 길에 걸림돌이 있다. 걸림돌을 디딤돌로 만들 수 있는 방안을 나누어 보자.

 생각 나누기

1 다음 글을 읽고 현상과 본질에 대하여 이야기 나누어 보자.

선생님은 학생에게 다음과 같은 극한문제를 설명해 주었다.

$$\lim_{x \to 8} \frac{1}{x-8} = \infty$$

그리고 학생이 잘 이해했는지 확인하기 위하여 다음의 문제를 내었다.

$$\lim_{x \to 5} \frac{1}{x-5} = ?$$

그런데 학생의 답은 다음과 같았다.

$$\lim_{x \to 5} \frac{1}{x-5} = \omega$$

1-1 교실에는 네 종류의 아이들이 있다. 선생님의 가르침을 잘 따라오는 아이들과 선생님을 앞서가는 아이들이 있다. 한편, 선생님의 가르침을 못 따라오는 아이와 안 따라오는 아이들이 있다. 이러한 아이들을 어떻게 지도할 수 있을까?

1-2 위 이야기에 비추어 우리는 어떠한 삶을 살아가고 있는지 자신을 돌아보자. 혹시 겉모습만 보고 사람을 평가하거나, 겉모습만 보고 흉내 내는 삶을 살아가고 있는 것은 아닐까?

2 다음 글을 읽고 서로 의견을 나누어 보자.

만약 내가 이 세상을 사는 동안에 유일한 소망 하나 있다면 그것은 꼭 3일 동안만이라도 눈을 뜨고 보는 것이다.

만약 내가 눈을 뜨고 볼 수 있다면 나는 나의 눈을 뜨는 그 첫 순간 나를 이만큼 가르쳐 주고 교육을 시켜 준 나의 설리반 선생님을 찾아가 지금까지의 그의 특징과 얼굴 모습을, 내 손끝으로 만져서 알던 그의 인자한 얼굴 등을 몇 시간이고 물끄러미 보면서 그의 모습을 나의 마음속 깊이 간직해 두겠다. 다음엔 친구를 찾아가고 그 다음엔 들로 산으로 산보를 가겠다. 바람에 나풀거리는 아름다운 나뭇잎사귀들, 들에 피어 있는 예쁜 꽃들과 풀들 그리고 저녁이 되면 석양에 빛나는 아름다운 노을을 보고 싶다.

다음날 이른 새벽에는 먼동이 트는 웅장한 장면, 아침에는 박물관 오후에는 미술관 그리고 저녁에는 밤하늘의 보석 같은 별들을 보면서 하루를 지내고, 마지막 날에는 일찍 큰길가에 나가 출근하는 사람들 얼굴 표정들, 아침엔 오페라하우스 오후엔 영화관에서 영화를 감상하고 싶다.

그러다 어느덧 저녁이 되면 나는 건물의 숲을 이루고 있는 도시 한복판으로 나와서 네온 사인 반짝거리는 거리, 쇼윈도에 진열되어 있는 아름다운 상품들을 보면서 집에 돌아와 내가 눈을 감아야 할 마지막 순간에 나는 이 3일 동안만이라도 볼 수 있게 하여준 나의 신께 감사한다고 기도를 드리고 영원히 다시 암흑 속으로 돌아가겠다.

– 헬렌 켈러, 〈사흘만 볼 수 있다면〉

2-1 함수의 극한 개념을 중심으로 글을 해석해 보자.

2-2 나에게 3일간의 무한 자유 시간이 주어진다면 무엇을 하겠는가?

* 생각 던지기

1-1 상처를 극복하면 별이 된다. ▷ $\lim_{c \to t}(scar) = star$

1-2 어두운 현실을 밝은 현실로 바꾸어야 한다. ▷ $\lim_{f \to b}(fright) = bright$

1-3 사랑을 받으면 더불어 살아가는 사람이 된다. ▷ $\lim_{o \to i}(love) = live$

1-4 생각을 바꾸면 기회가 된다. ▷ $\lim_{g \to c}(change) = chance$

* 생각 나누기

1-2 윗 글에서 선생님은 함수의 극한에 대한 개념과 원리를 잘 설명하였을 것이다. 하지만 학생은 선생님의 설명은 듣지 않고 칠판에 써 있는 수식 모양의 변화에만 관심을 가지고 답을 한 것이다.

겉모습만 모방하는 것이 아니라 그 속에 담긴 의미도 함께 해야 어리석은 행동을 하지 않을 수 있다. 모방이 나쁜 것은 아니지만 그 속에 담긴 의미와 본질까지 이해하고 더 나아가 자신이 추구하는 삶의 의미를 담아낼 때 비로소 아름다운 자신을 만날 수 있게 된다.

예컨대, 호수에 한가로이 놀고 있는 오리를 발견하고 이를 동경한 성은이가 오리 흉내를 낸다면 어떻게 될까? 물속에 빠지고 말 것이다. 그 이유는 물속에서 발버둥치는 오리의 모습을 보지 못하고 물 위에 떠 있는 모습만 따라했기 때문이다.

14

시그마용법 – 잔인한 함수

수열의 합 시그마의 개념과 원리를 이용하여 세월호 사건을 재해석하고 우리가 꿈꾸는 사회를 향한 로드맵을 제시할 수 있다.

(가) 자연수 n에 대하여, 다음의 상황함수 $f(n)$은 어떤 사건에 대한 이야기를 담고 있다.

$f(n) = \sqrt{n+1} + \sqrt{n}$ 일 때, $\displaystyle\sum_{k=92416}^{226575} \frac{1}{f(k)}$ 의 값과 그 의미는 무엇인가?

$f(n) = \sqrt{n+1} - \sqrt{n}$ 일 때, $\displaystyle\sum_{k=92416}^{226575} \frac{1}{f(k)}$ 의 값과 그 의미는 무엇인가?

(나) '시장에 가면'이라는 놀이가 있다. 놀이의 규칙은 다음과 같다. 여러 명이 둘러 앉아 순서를 정하고 시장에 가면 볼 수 있는 먹거리, 살거리 등 다양한 단어들을 돌아가면서 외친다. 여기서 중요한 것은 앞사람이 말한 단어들을 누적해서 외쳐야 한다는 것이다. 예컨대, 앞사람이 "사과도 있고"라고 외치면 두 번째 사람은 "사과도 있고, 만두도 있고"와 같이 연이어서 외쳐야 한다.

(다) 민국이는 수열의 합을 통해 자신의 삶의 이야기를 다음과 같이 소개하였다.

$$\sum_{b=1}^{d} e_b = m$$

여기서 b는 'birth(탄생)', d는 'death(죽음)', e는 'effort(노력)' 그리고 m은 'miracle(기적)'을 의미한다. 즉 사람이 태어나서 삶을 마칠 때까지 수많은 노력이 쌓이고 쌓여서 기적을 만들어 낸다는 것이다.

(라) 옛말에 적토성산(積土成山), 즉 티끌모아 태산을 이룬다는 격언이 있다. 이와 반대로 바늘도둑이 소도둑 된다는 말처럼, 작은 거짓말이 계속되면 걷잡을 수 없는 큰 거짓말이 된다는 말도 있다. 또한 숙습난방(熟習難防)이란 몸에 익숙하게 밴 버릇은 남이 고쳐 내기가 어렵다는 의미이다.

(마) 수입이 늘면, 지출도 늘게 되어 있다.

재산이 많아지면 먹는 자들도 많아지나니 그 소유주들은 눈으로 보는 것 외에 무엇이 유익하랴.

– 〈전도서〉 5:11

생각 던지기

1 글 (가)를 읽고 [보기]를 참고하여 여러 가지 수열에 대한 시그마용법을 소개하고 논리적으로 설명해 보자.

> **보기**
>
> 1. 상황함수가 $\dfrac{1}{f(n)} = \dfrac{1}{\sqrt{n+1}+\sqrt{n}} = \sqrt{n+1} - \sqrt{n}$ 일 때,
>
> ⇨ 이 함수는 탐욕, 비리, 무책임함, 잔인함으로 이루어져 있었다.
>   그 결과, 많은 사람이 희생을 당하고 말았다.
>
> 2. 상황함수가 $\dfrac{1}{f(n)} = \dfrac{1}{\sqrt{n+1}-\sqrt{n}} = \sqrt{n+1} + \sqrt{n}$ 이었다면,
>
> ⇨ 모두가 살아남았을 뿐만 아니라, 몇 배의 감동이 되었을 것이다.

2 글 (나)의 '시장에 가면'이라는 놀이를 시그마의 개념을 이용하여 표현해 보자.

3 기성세대가 만들어 놓은 함수에 대한 구체적인 사례를 제시하여 긍정적인 관점과 부정적인 관점에서 살펴보고 그에 따른 자신의 생각을 말해 보자.

4 글 (라)와 (마)의 내용을 근거로 1번 문제의 [보기]에 대한 원인과 대안을 제시하여라.

생각 넓히기

1 내가 걸어온 삶은 규칙적인 것과 불규칙적인 것으로 기록되어 있다. 내 삶에 규칙적인 것과 불규칙적인 것은 무엇이 있는지 말해 보자.

   1-1 나의 규칙적인 삶에서 사라져 가는 것과 남아 있는 것에 대해 이야기해 보자.

   1-2 내가 걸어온 삶의 이야기는 추억으로 기록된다. 어떤 추억을 가지고 있는지 나누어 보자.

2 기성세대가 만들어 놓은 함수와 내가 만들어 가는 함수에는 어떤 것이 있는가?

3 글 (다)의 내용처럼 나는 평생 무엇을 위해 살아가고 있는지 소개해 보자.

 ## 생각 나누기

1 색은 더할수록 어두워지고 빛은 더할수록 밝아진다. 이에 대하여 다음 물음에 답해 보자.

   1-1 기성세대가 만들어 놓은 함수에 대하여 우리가 취해야 할 자세는 무엇인가?

   1-2 인생이란 그 속의 수많은 희로애락이 누적되어 이루어진 것이다. 이에 대하여 우리가 취해야 할 태도는 무엇인가?

   1-3 내가 걸어온 삶의 길을 돌아보면 '보이는 것'과 '보이지 않는 것'이 있다. 이 모든 것들이 어우러져 오늘의 나를 만들어 놓은 것이다. 이에 대하여 어떻게 평가하겠는가?

2 글 (가)는 세월호 사건과 관련하여 기성세대의 잔인한 함수를 타산지석으로 삼고 이를 교훈으로 아름다운 함수를 만들어 가야 한다는 의미가 담겨 있다. 이와 관련하여 다음 글을 읽고, 이를 근거로 우리가 살아가야 할 삶의 방향과 자세를 나누어 보자.

> 매운 계절의 채찍에 갈겨 마침내 북방으로 휩쓸려 오다
> 하늘도 그만 지쳐 끝난 고원(高原) 서릿발 칼날진 그 위에 서다
> 어데다 무릎을 꿇어야 하나? 한 발 재겨 디딜 곳조차 없다
> 이러매 눈감아 생각해 볼 밖에 겨울은 강철로 된 무지갠가 보다
>
> — 이육사, 〈절정〉

3 다음 글을 읽고 자신의 꿈에 대한 포부를 end와 ~ing로 구분하여 이야기하고, 이를 이루기 위한 방안을 제시하여라.

> 인간과 짐승은 모두 동물에 속한다고 한다. 둘의 공통점은 본능대로 살아간다는 것이고, 차이점은 짐승은 처음부터 끝까지 본능대로 살아가지만 인간은 가치를 추구하며 살아간다는 점이다. 그래서 어떤 직업을 가지는가도 중요하지만 어떤 가치관을 가질 것인가가 인간과 짐승을 구분 짓는 진정한 차이라 할 수 있다.
>
> 《미생》의 작가 김태호는 계속해서 어떤 만화가가 될 것인가를 고심하며 살아간다고 말한다. 단순히 만화가가 된다는 꿈에서 멈추었다면 그것은 짐승과 다를 바 없다는 것이다. 그는 만화가 중에서도 '어떤 만화가'가 될 것인가에 대하여 고민하며 사는 것이 평생을 이어가는 꿈이 되었다고 말한다. 즉, 만화가는 이미 이루어진 꿈으로 end이지만, '어떤 만화가'라는 꿈은 평생 동안 추구해야 할 것으로 ~ing라는 것이다.

* 생각 던지기 ·

1 $f(n) = \sqrt{n+1} + \sqrt{n}$ 이므로

$$\frac{1}{f(n)} = \frac{1}{\sqrt{n+1} + \sqrt{n}} = \frac{\sqrt{n+1} - \sqrt{n}}{(\sqrt{n+1} + \sqrt{n})(\sqrt{n+1} - \sqrt{n})}$$

$$= \frac{\sqrt{n+1} - \sqrt{n}}{(n+1) - n} = \sqrt{n+1} - \sqrt{n}$$

$$\therefore \frac{1}{f(92416)} + \frac{1}{f(92417)} + \cdots + \frac{1}{f(226574)} + \frac{1}{f(226575)}$$

$$= (\sqrt{92417} - \sqrt{92416}) + (\sqrt{92418} - \sqrt{92417}) + \cdots + (\sqrt{226576} - \sqrt{226575})$$

$$= \sqrt{226576} - \sqrt{92416} = 476 - 304 = 172$$

그런데 476, 304, 172…다 어디서 많이 본 숫자들이다. 476은 세월호에 탑승한 인원이다. 304는 세월호에서 사망한 인원이며, 172는 총 생존자 숫자이다.

그럼 처음부터 풀이를 다시 해 보자.

1) 어느 날 많은 학생들이 수학여행을 간다.

$$\frac{1}{92416} + \frac{1}{92417} + \cdots + \frac{1}{226574} + \frac{1}{226575}$$

⇨ 어느 날! 학생들이 떠난 즐거운 수학여행.

2) 항해하던 도중 그들은 $f(n)$이라는 갑작스러운 상황에 직면한다.

$$\therefore \frac{1}{f(92416)} + \frac{1}{f(92417)} + \cdots + \frac{1}{f(226574)} + \frac{1}{f(226575)}$$

⇨ 배를 타고 가던 중 터진 돌발 상황.

이 함수는 무책임, 탐욕, 그리고 반복되는 비리로 이루어진 함수였다. 잔인하고 차디찬, 그런 함수였다.

$$\frac{1}{f(n)} = \frac{1}{\sqrt{n+1} + \sqrt{n}} = \sqrt{n+1} - \sqrt{n}$$

⇨ 그들이 만난 함수는 탐욕, 비리, 무책임함, 잔인함으로 이루어져 있었다.

3) $(\sqrt{92417} - \sqrt{92416}) + (\sqrt{92418} - \sqrt{92417}) + \cdots + (\sqrt{226576} - \sqrt{226575})$

⇨ 그들은 하나둘씩 소거되고, 남아 있는 외로운 수식.

$$\sqrt{226576} - \sqrt{92416} = 476 - 304 = 172$$

도대체 학생들은 왜 차가운 바다 속에 남아 있어야만 했을까?

가장 큰 원인으로 작용한 것은 역시 $f(n)$이었다.

만약 $f(n)$이 달랐다면?

$\dfrac{1}{f(n)} = \sqrt{n+1} - \sqrt{n}$ 이 아니라

$\dfrac{1}{f(n)} = \sqrt{n+1}$ 이나 $\dfrac{1}{f(n)} = \sqrt{n}$

$\dfrac{1}{f(n)} = \sqrt{n+1} + \sqrt{n}$ 이었다면 절대로 일어나지 않을 일이었다.

$\dfrac{1}{f(n)} = \dfrac{1}{\sqrt{n+1}+\sqrt{n}} = \sqrt{n+1}+\sqrt{n}$ 이었다면,

$(\sqrt{92417} + \sqrt{92416}) + (\sqrt{92418} + \sqrt{92417}) + \cdots + (\sqrt{226576} + \sqrt{226575})$

⇨ 모두가 살아남았을 뿐만 아니라, 몇 배의 감동이 되었을 것이다.

다시 말해 선장이 탈출 명령을 제때 내렸거나, 정부의 반응이 더 빨랐거나, 청해진 해운이 비리만 일으키지 않았더라면 이런 비극이 일어나지 않았을 일이다. 탐욕, 무책임, 비도덕적 행위가 쌓여서 만들어 버린 함수에 아이들이 희생됐다.

15

이차함수 – 인생 최고의 순간, 최악의 순간

이차함수의 그래프를 통해 인간이 걸어온 삶의 궤적을 따라 희로애락이 담긴 삶의 언어를 재해석하고, 새롭게 펼쳐질 아름다운 삶을 씨실과 날실로 디자인할 수 있다.

(가) The following are the words '갑' and '을' who see the hill ahead of them.

갑: The hill in front of me is round, and then it goes up and down.

을: The hill in front of me is uniquely pointed up.

(나) 이차함수 $y=ax^2+bx+c(a\neq0)$의 그래프를 그려 보자.

(다) 내려갈 때 보았네
올라갈 때 못 본 그 꽃　　　　– 고은, 〈그 꽃〉

(라) 나의 앞에 비춰진 지나간 인생의 마지막을 보면서 나는 모래 위의 발자국을 뒤돌아보았습니다. 나는 가장 괴롭던 시기의 내 인생의 모래밭에 단 한 사람의 발자국만이 남겨져 있음을 알게 되었지요. 그때는 내 삶 중에서 내가 제일 낮아지고, 또한 제일 슬펐던 시절이었습니다. 그 사실에 마음이 괴로워서 주님께 여쭈어보았습니다.

"주님, 주님께서는 주님을 따르기로 작정만 하면 나와 늘 함께하시겠다고 말씀하셨습니다. 하지만 저의 삶 속에서 제일 힘들었던 때에는 단지 한 사람의 발자국만이 남아 있었습니다. 왜 주님께서 제가 제일 주님이 필요했을 때 저를 떠나 계셨는지 저는 이해할 수 없습니다." 주님께서 대답했습니다. "나의 소중하고 소중한 자녀야 난 너를 사랑하며 너를 영원히 떠나지 않을 것이다. 네가 한 사람의 발자국만 본 이유는 네 삶에서 네가 가장 힘들 때 내가 너를 업고 갔기 때문이란다."

– 메리 스티븐슨, 〈모래 위의 발자국〉

1 글 (가)에 따르면 갑과 을의 앞에 있는 언덕은 서로 다르다. 사람들은 이를 보고 갑과 을이 언덕을 오르며 취할 자세가 서로 다를 것이라고 말한다. 이러한 주장에 대하여 그 이유를 생각해 보고 설명하여라.

2 이차함수 $y=ax^2+bx+c(a\neq 0)$의 최대·최소에 대하여 설명하여라.

　2-1 $y=ax^2+bx+c(a>0)$

　⇨ 내 인생의 최악의 순간은?

　2-2 $y=ax^2+bx+c(a<0)$

　⇨ 내 인생의 최고의 순간은?

3 범위가 있는 이차함수의 최대최솟값에 대해 다음 문제에 답하여라.

　3-1 $x\geq a$인 실수일 때, 함수 $y=x^2+2x+2$의 최솟값을 구하여라.

　3-2 $0\leq x\leq 2$일 때, 함수 $y=x^2-2ax$의 최댓값과 최솟값을 구하여라.

4 지수와 로그에 대해 다음 문제에 답하여라.

　4-1 $\log_{x-2}(-x^2+6x)$의 값이 존재하도록 하는 모든 정수 x의 값은?

　4-2 $-1\leq x<4$인 모든 실수 x에 대하여 $\log_{10}(ax^2-2ax+1)$의 값이 존재하기 위한 a값의 범위는?

5 점 P는 처음 속도 $6m/s$로 점 A를 출발하여 가속도 $2m/s^2$으로 동쪽으로 달리고 있다. 점 P가 출발한 2초 후에 점 Q가 점 A를 출발하여 동쪽으로 일정한 속도 km/s로 점 P를 쫓아간다. 점 Q가 점 P를 따라 잡기 위한 k의 최솟값을 구하여라.

1 인생이란 사람이 세상을 살아가는 시간과 경험이라고 할 때, 이차곡선의 특성을 글 (가)와 (나)를 활용하여 설명하고 그에 따른 꿈과 비전을 향한 로드맵을 제시하여 자신을 소개해 보자.

2 글 (라)를 읽고 자신의 상황에 비추어 다음 질문에 답하여라.

   2-1 내가 가장 힘들었을 때는 언제이며, 무엇 때문이었는가?

   2-2 그 상황을 어떻게 극복했는가?

   2-3 가장 힘든 상황에서 내 곁에 있어 준 사람은 누구인가?

   ⇨ 나와 함께 동행하면서 품어주는 사람의 마음을 헤아린 것만으로도 위대한 사람이다.
     For me! → For you! → With you!

3 글 (다)를 읽고 해석한 내용에 비추어 볼 때, 우리가 취해야 할 자세는 무엇인가?

⇨ 내 인생 최고의 순간: $y = ax^2 + bx + c (a < 0)$

생각 나누기

1 이차함수의 최댓값과 최솟값을 가지는 그래프의 성질을 이용하여 다음 [보기]의 시를 근거로 자신의 꿈을 향한 로드맵을 제시하여라.

> **보기**
>
> 당신은 높은 산
> 등허리를 타고 오르렵니다.
> 당신은 깊은 바다
> 물이 바다 되어 내게로 옵니다.
>
> 당신은 넓은 세상에 있습니다.
> 당신들이 위대해 보이며
> 가까이 하기엔 너무 두려워집니다.
>
> 하지만
> 아무리 높고 깊고 넓어도
> 그대들은 땅을 기준으로 하는 것이기에
> 정복되지 않을 것이 없습니다
> 그러나 눈앞에 보이는 두려움에
> 마음을 제어당하고 말 때
>
> 나에게서 멀어져 가고 맙니다.
> 백두산 정상까지야 오를 수가 있겠지만
> 그 이상은 마음으로 가는 것
>
> 당신은 내게 길을 가르쳤지만
> 그것이 다는 아니었습니다.
> 허공에다 감춰두신 것이 있습니다.
> 햇살 속에 별빛 속에
> 심어두신 미소가 있습니다.
>
> 정상에 이르기까지 불렀던 노래들은
> 당신이 지은 전부가 아니었습니다.
>
> – 박성은, 〈정복될 수밖에 없다〉

2 이차함수의 최댓값과 최솟값을 가지는 그래프의 특성을 설명할 수 있는 시를 소개해 보자.

3 다음 수식을 보고 마음을 읽는 이차함수 이야기를 나누어 보자.

3-1 $y = ax^2 + bx + c(a < 0)$

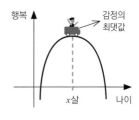

내 생애 최고의 순간은 언제일까(과거/현재/미래)? 인생의 함수 곡선을 그리고 각 순간마다 내 기분의 값(행복지수)을 함수 값이라 할 때, 행복의 최댓값은 몇 살 때일까? 행복지수를 100점 만점으로 했을 때, (나이, 최댓값)으로 표현해 보자. 그리고 그 이유를 이야기해 보자.

⇨ (23, 90)

그 이유는, 당시 처음으로 유럽배낭 여행을 했을 때 아름다운 것들을 보고 체험하며 느끼는 행복뿐 아니라 앞으로의 인생을 어떻게 살아갈지를 고민해 보는 계기가 되었기 때문이다. 혼자 여행을 하다 보니 주변 사람에 대한 사랑과 감사함을 실감할 수 있었다. 앞으로 다시 그런 여행을 할 수 있을까 싶을 정도로 행복한 순간이었다. 100을 채우지 못한 이유는 나머지 10은 이러한 기회를 다시 만들기 위한 여백으로 남겨 놓았기 때문이다.

3-2 $y = ax^2 + bx + c(a > 0)$

하늘을 향해 두 팔을 뻗은 모양을 살펴보자. 그 모양은 이차함수 $y = ax^2 + bx + c(a > 0, a < 0)$일 때의 모습과 많이 닮았다. 이때 이차함수는 최댓값, 최솟값을 가진다. 하늘을 향한 팔이 나의 꿈을 향한 노력과 의지를 표현한다면, 그 가슴속에 품은 것은 그 꿈을 이루는 과정에서 지켜 나갈 신념이라고 할 수 있다. '나는 다른 것은 몰라도 최소한 이것만은 지킬 거야!'라고 생각하는 것을 이야기해 보자.

다음 글을 읽고 물음에 답하여라.

한 마을에 총 11명의 주민이 살고 있다. 주민들은 각각 0부터 10 사이의 소득을 1씩 다른 크기로 순차적으로 가지고 있다. i번째 주민의 소득을 w_i로 표기하자. 그러면 첫 번째 주민의 소득은 $w_1=0$, 두 번째 주민의 소득은 $w_2=1$, 그리고 11번째 주민의 소득은 $w_{11}=10$이다.

(가) 마을 자치회는 소득세를 걷는데 소득이 w_i인 주민이 t의 세율에서 얻게 되는 만족도는 $f_i(t)=(1-t)w_i-0.2(tm-m)^2+10$이다. 단, m은 마을 주민 전체의 평균소득이며 t는 0과 1 사이의 실수이다. 두 개의 서로 다른 세율에 대한 제안이 있으면 각 주민은 자신의 만족도를 더 크게 하는 세율을 선호한다. 마을 자치회는 과반수의 주민들이 선호하는 세율을 채택한다.

(나) 소득세율에 대한 주민들의 선호도를 조사하기 위해 모든 주민들이 참여하는 여론조사를 매월 한 번 실시한다. 여론조사에 응답할 때 i번째 주민은 직접적인 만족도인 $f_i(t)$뿐만 아니라 지난달 여론조사에서 그 세율을 선호한다고 답한 사람들의 비율에도 영향을 받는다. 임의의 두 세율 t_1과 t_2에 대해 지난달 여론조사에서 t_1을 t_2보다 선호한다고 답한 사람들의 비율이 x라면, 이번 달에 i번째 주민이 t_1을 선호한다고 답할 때 얻는 총 만족도는 $f_i(t_1)+2x$이고, t_2를 선호한다고 답할 때 얻는 총 만족도는 $f_i(t_2)+2(1-x)$이다. 주민은 여론조사에서 자신의 총 만족도를 더 크게 하는 세율을 선호한다고 응답한다. 단, 첫째 달의 x값은 임의로 주어진다.

(2016 고려대 수시전형 평가문항)

1 (가)의 상황에서 소득이 2인 주민의 만족도를 가장 크게 만드는 세율을 구하여라.

2 (가)의 상황에서 두 가지 세율 $t_1=0.6$과 $t_2=0.3$이 제안되었다고 하자. 어떤 소득 구간에 속한 주민이 $t_1=0.6$을 $t_2=0.3$보다 선호하게 되는지 설명하여라. 마을 자치회가 과반수의 여론에 따라 두 가지 세율 중 하나를 결정한다면 어떤 것을 선택하겠는지 설명하여라.

3 (나)의 상황에서 $t_1=0.8$, $t_2=0.3$이고 첫째 달의 여론조사에서 t_1을 t_2보다 선호한다고 답한 사람들의 비율이 $x=7/11$이었다고 하자. 둘째 달의 여론조사에서 t_1을 t_2보다 선호한다고 답하는 사람들의 비율 x'를 구하여라. 셋째 달의 여론조사에서 t_1을 t_2보다 선호한다고 답하는 사람들의 비율 x''를 구하여라. 그 이후 시간이 계속 흐름에 따라 t_1을 t_2보다 선호한다고 답하는 사람들의 비율이 어떻게 변화하게 되는지 설명하여라.

다음 글을 읽고 물음에 답하여라.

(가) 중성 상태의 수소 원자는 전자를 1개 가지고 있는데 전자 1개로는 수소 원자가 안정하지 않다. 수소 원자가 안정한 상태가 되기 위해서는 헬륨처럼 전자를 2개 가지면 된다. 이를 위해서 수소는 원자끼리 부딪칠 때 상대방의 전자를 함께 가지는 방식으로 결합하여 안정한 상태가 된다.

(나) 차드 호는 한때 아프리카에서 네 번째로 큰 호수였다. 하지만 지나친 방둑으로 인한 물 사용량 증가 등의 이유로 지금은 그 면적이 90% 이상 줄어들었다. 이와 유사하게 20세기 초 각국은 경쟁적으로 고래를 남획하여 남극의 고래 멸종 위기가 초래되었다. 이처럼 어떤 자원은 사회구성원들이 나누어 사용할 수 있지만 자원의 양에 제한이 있기 때문에 한 사람이 사용하면 다른 사람이 사용할 수 있는 양이 줄어든다.

(다) 두 함수 $f(x)=(x+1)^2-1$과 $g(x)=-(x-1)^2+1$은 $x=0$에서 공통인 접선 $y=2x$를 갖는다.

(2016 고려대 수시전형 평가문항)

1 제시문 (가), (나), (다)에 공통으로 해당되는 단어 혹은 개념을 말하고 그 이유를 설명하여라.

2 1번 문제에서 답변한 내용과 관련된 사례를 두 가지 들고 각각의 사례가 답변한 내용과 어떻게 관련되는지 설명하여라.

3 1번 문제에서 답변한 내용과 반대되는 개념을 사례를 들어 설명하여라.

출제 의도 ────────────────

1. 여러 개의 제시문에서 공통의 개념을 찾고 논리적 연관성을 도출해 내는 사고력을 평가하고자 한다.

* 생각 던지기

1 갑과 을 앞에 놓여 있는 언덕은 그들이 이루고자 하는 꿈, 소망, 희망에 대한 그들의 마음가짐이다. 갑은 자신이 이루고자 하는 것에 대해서, 그 정상을 향하는 길이 오르막이긴 하지만 둥글어서 충분히 올라갈 수 있을 것이라고 생각하고 있다. 그에 반해 을은 뾰족한 봉우리로 가는 길을 보며 자신은 그 정상에 다다를 수 없을 것이라고 생각한다. 그렇기에 각각의 언덕을 보며 가지는 마음가짐이 달라지는 것이다.

4-1 밑조건: $x-2>0$, $x-2 \neq 1$

진수조건: $-x^2+6x>0$

$\therefore x=9$

4-2 $-1 \leq x < 4$에서 $f(x)=ax^2-2ax+1>0$이면 된다.

ⅰ) $a=0$이면 $f(x)=1>0$ 성립한다.

ⅱ) $a \neq 0$이면 $f(1)=-a+1>0$, $f(-1)=3a+1>0$

$f(4)=8a+1 \geq 0$

$\therefore -\dfrac{1}{8} \leq a < 1$

5 점 P가 출발하고 t초 후 점 P의 속도를 v_p라고 하면

$v_p = 6+\displaystyle\int_0^t 2dt = 2t+6$

점 P가 출발하고 t초 후 점 P, Q의 위치를 각각 x_p, x_q라고 하면

$x_p = 6+\displaystyle\int_0^t (2t+6)dt = t^2+6t$, $\quad x_q = k(t-2)(t>2)$

점 Q가 점 P를 따라 잡으려면 $x_p = x_q$

즉, $t^2-(k-6)t+2k=0$을 만족하고 $t>2$인 t가 존재해야 한다.

$f(t)=t^2-(k-6)t+2k$라고 할 때,

$f(2)=16>0$이므로 $D=(k-6)^2-8k \geq 0$, (축)$=\dfrac{k-6}{2}>0$

$k \geq 18$, 따라서 k의 최솟값은 18이다.

3 꿈이 있는 사람은 목표가 있기에 최선을 다해 걸어간다. 수많은 유혹들을 극복하고 목표를 향해 걸어 올라가는 모습은 아름답다. 하지만 내려올 때 주변을 둘러볼 수 있는 사람은 진실로 아름다운 사람이다. 내려올 때조차 주변을 둘러보지 못하는 사람이 너무 많다. 주변을 살필 수 있는 것은 마음의 여백이 있기 때문이다. 올라갈 때도, 내려올 때도 내게 주어진 모든 것들과 인사 나누며 살아가고 싶다.

2

왼손을 펴고
한 뼘을 재어 봐.
10cm도 안 되는 짧은 길이지?

하지만 난,
고만큼 더 멀리 바라볼 테야
더 넓은 세계를 볼 수 있도록

그 다음엔
고만큼 더 높게 뛰어 볼 테야
푸른 하늘 가까이 내려오도록

마지막엔
고만큼 마음속 웅덩이를 깊이 파야지
내 꿈이 그 안에서 더 크도록

         – 오영은, 〈한 뼘만 더〉

조금 늦게 일어나면 어때
고단함을 단잠으로 씻어 냈잖아
줄서기에는 앞자리보다
중간 이후 자리가 편안하단다
앞에도 뒤에도 모두 친구가 있잖니
경쟁에 날 세우는 삶보다
따뜻한 손 내밀어 온기 나누렴

쓰라린 경험은
너를 성장하게 하는 자양분이 될 거야
심호흡 크게 하고 하늘을 올려다 봐
엄마가 다독이는 손길에 힘을 얻고
너 스스로를 감싸 안고 괜찮다고 말해 보렴
진짜 괜찮아 질거야

         – 서윤덕, 〈괜찮아〉

16

함수의 극한 – 급변하는 시대! 자기주도적인 삶을 살아라

연속함수의 개념과 원리를 통해 아름다운 인간관계를 만들어가는 방법을 발견할 수 있다.

(가) 함수 $y=f(x)$가 $x=a$에서 좌극한 값과 우극한 값이 서로 같을 때 극한값이 존재한다고 하며, $x=a$에서 함숫값과 극한값이 일치할 때 연속이라고 한다.

(나) 깊은 숲속에 거미 한 마리가 살고 있었다. 거미는 오랫동안 친구도 없이 혼자 외롭게 지내고 있었다. 어느 날 아침, 거미가 잠에서 깨어나 거미줄을 보니 이슬 한 방울이 맺혀 있었다.

거미는 물었다. "넌 누구니?"

이슬이 대답했다. "난 이슬이야!"

거미가 말했다. "나는 오랫동안 친구가 없었어. 우리 친구하지 않을래?"

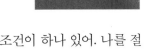

이슬은 잠시 생각을 하더니 말했다. "그래 좋아! 하지만 조건이 하나 있어. 나를 절대로 만지면 안 돼!"

외로웠던 거미는 꼭 약속을 지키겠다고 대답했다.

그 후 거미와 이슬은 행복한 시간을 보냈다. 외로울 때는 서로를 위로하고 즐거울 때는 기쁨을 나누었다. 시간이 흘러 거미는 이슬이 없는 생활을 생각조차 할 수 없게 되었다. 이슬을 좋아하는 마음이 커질수록 거미는 점점 이슬을 만져보고 싶어졌다. 하지만 그때마다 이슬은 안 된다고만 했다.

거미가 다시 간곡하게 청한 어느 날이었다. "나 너를 만져보고 싶어!"

이슬이 결국 슬픈 표정으로 대답했다. "너, 나를 사랑하는구나. 좋아, 그럼 한 가지 약속을 해줘. 만약 내가 없어져도 슬퍼하지 않고 살아가겠다고."

거미는 얼른 이슬을 안아 보고 싶다는 생각으로 알겠다고 대답했다. 이윽고 거미가 이슬을 꼭 끌어안는 순간, 이슬은 사라져 버리고 말았다.

(다) 과거를 지배하는 자는 미래를 지배한다. 현재를 지배하는 자는 과거를 지배한다.

– 조지 오웰

젊을 때의 배움을 소홀히 하는 자는 과거를 상실하고 미래도 없다.

– 에우리피데스

(라) 합성함수의 연속성

두 함수의 곱

함수 $y=f(x)$의 그래프와 $y=g_1(x)$, $y=g_2(x)$, $y=g_3(x)$의 그래프가 그림과 같이 주어져 있다.

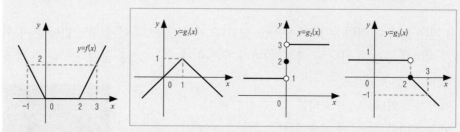

함수 $y=g_1(x)$, $y=g_2(x)$, $y=g_3(x)$ 중에서 $f(x)$와 곱하여 얻어지는 함수 $y=f(x)g_k(x)$ (단, $k=1, 2, 3$)
가 구간 $[-1, 3]$에서 연속이 되는 $g_k(x)$를 모두 골라라.

합성함수의 연속성

두 함수 $y=f(x)$와 $y=g(x)$의 그래프가 그림과 같을 때, $-1 \le x \le 3$에서 함수 $g(f(x))$가 불연속인
x의 값을 모두 구하여라.

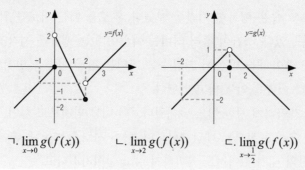

ㄱ. $\lim\limits_{x \to 0} g(f(x))$ ㄴ. $\lim\limits_{x \to 2} g(f(x))$ ㄷ. $\lim\limits_{x \to \frac{1}{2}} g(f(x))$

1 글 (가)에서 함수의 극한과 연속성을 수학적 기호로 표현하고, 글 (나)와 (다)를 통해 극한과 연속의 개념을 설명하여라.

2 글 (라)의 문제를 글 (가)에서 제시한 함수의 극한과 연속성의 개념을 이용하여 설명하여라.

3 다음은 뚜렷한 가치관이 없는 사람들에 대한 시다. [보기]에 근거해서 어떤 경우인지 설명하여라.

> 사회의 성공이라는 틀 안에
> 수많은 사람들이 갇히고 싶어 한다
>
> 과연 그 길을 가는 것이 바른지조차
> 앎의 판단조차
> 지식조차 갖추지 못한 삶이
> 성공이라는 단어를 쫓아 헤맨다
>
> 무너져 내린 가치관의 탈
> 스스로를 추슬러
> 뿌리 깊은 나무 하나
> 심어 보고픈 마음이다
>
> – 김선희, 〈가치관이 사라진 사회〉

보기

ㄱ. 연속과 불연속의 만남이 연속이 되는 경우와 불연속이 되는 경우가 있다.
ㄴ. 연속과 연속의 만남이 연속이 되는 경우와 불연속이 되는 경우가 있다.

4 불연속과 불연속이 만나 연속이 되는 경우를 우리의 삶에서 찾아보자.
⇨ 바늘과 실은 혼자 있을 때는 '불연속' 상태이지만 함께할 때 아름다운 일을 만들어 낸다.

1 더불어 살아가야 하는 공동체에서 나는 어떠한 모습을 하고 있는가?

  1-1 극한값은 존재하는가? 연속된 삶을 유지하고 있는가?

  1-2 현재를 위해 살아가는 삶인가, 미래를 위해 살아가는 삶인가?

  1-3 진취적인 삶인가, 안정적인 삶인가?

2 더불어 살아가는 공동체에서 타인과의 관계를 어떻게 맺을 것인가? 합성함수의 극한과 연속성의 개념을 글 (나)의 이슬과 거미의 사랑 이야기를 통해 설명할 수 있다. 내가 걸어온 삶에서 [보기]에 대한 각각의 사례를 들어 설명해 보자.

> 보기
>
> ㄱ. 연속과 불연속의 만남이 연속이 되는 경우와 불연속이 되는 경우가 있다.
> ㄴ. 연속과 연속의 만남이 연속이 되는 경우와 불연속이 되는 경우가 있다.

  2-1 [보기]의 네 가지 경우를 나와 타인과의 관계라고 가정할 때, 내가 만나야 할 사람과 만나서는 안 될 사람은 누구인지 생각해 보자.

  2-2 '오늘 나의 행복은 언젠가 내가 잘 보낸 시간의 보상이다'라는 명제를 [보기]에 근거하여 논리적으로 설명하여라.

 생각 나누기

1 다음 글은 혁신에 대한 강의 내용의 일부이다. 물음에 답하여라.

> 어떤 길을 떠난다는 것은 인생의 여정을 간다는 것이다. 인생의 여정을 쉼 없이 뛰어가는 것이 우리들의 모습이다. 그런데 길을 가다가 갑자기 불연속점에 도달한다면 어떻게 해야할까? 계속 뛰어가야 할까? 그때는 아마 뛰어가는 것(run)이 아니라 뛰어넘어야(jump) 할 것이다. 더 멀리, 혹은 아래나 위쪽으로 점프해야 한다. 이것이 혁신과 관계가 있다.

1-1 내 삶의 혁신이 필요한 경우는 언제인가?

1-2 혁신이 필요한 지점은 불연속점일까, 연속점일까?

1-3 연속점과 불연속점의 차이는 내 삶에서 어떻게 작용하는지 나누어 보자.

2 다음은 사회교과의 '불연속한 삶'을 살고 있는 사회적 약자들에 대한 과거와 현재 그리고 미래에 대한 이야기이다. 이에 대하여 우리가 추구해야 할 가치는 무엇인지 나누어 보자.

(가) 국민의 생활안정 및 교육·직업·의료 등의 보장을 포함하는 복지를 추구하기 위한 사회적 노력, 즉 넓은 의미의 사회적 방책을 사회복지라고 한다. 과거에는 사회 불평등 현상의 원인을 개인의 나태나 무절제한 생활에서 찾는 것이 일반적이었으며, 열심히 일하거나 높은 수준의 교육을 받는다면 이를 극복할 수 있다고 보았다. 그러나 최근에는 불평등의 원인을 사회의 제도나 구조에서 찾는 경향이 나타나고 있다. (중략)

불평등을 해결하기 위한 사회적 약자의 개인적, 의식적 측면에서의 노력도 필요하지만 이들을 바라보는 사회 구성원들이 공존의 가치관과 공동체 의식을 가지고 그들을 도우는 것도 중요하다. 복지의 필요성에 대한 사회 구성원들의 합의가 이루어 져야 지만 제도·구조적 발전이 원활하게 이루어 질 수 있기 때문이다.

(나) 우리 공동체에서는 가난과 차별로 좋은 조력자를 만나지 못한 채 '불연속적인' 삶을 살아가는 사회적 약자들이 있다. 대표적으로는 비행청소년과 실업자가 있다. 비행청소년의 경우 과거에 저지른 일탈(불안정한 좌극한 값)과 미래에 대한 불확실성(우극한 값)을 가졌다. 또한 공동체 내에서의 정체성을 결정하는 가장 큰 요인 중 하나인 직업이 사라진 실업자는 자신의 존재 이유와 미래에 대한 계획(우극한 값)을 잃어버린 사람들이다. 우리는 모두가 함께 행복하게 살아가는 공동체를 만들기 위해 이들이 '연속적인 삶'을 살아가는 데 힘써야 한다.

* 제시문

(가) 함수 $y=f(x)$가 $x=a$에서 극한값이 존재한다. ⇨ [인문학적 풀이]

(i) $\displaystyle\lim_{x \to a+0} f(x) : exist$ ⇨ 긍정적인 사고를 가지고 열심히 다가간다.

(ii) $\displaystyle\lim_{x \to a-0} f(x) : exist$ ⇨ 부정적인 사고를 가지고 열심히 다가간다.

(iii) $\displaystyle\lim_{x \to a+0} f(x) = \lim_{x \to a-0} f(x)$ ⇨ 내 안에는 두 가지 모습이 있다. 둘의 균형이 필요하다.

함수 $y=f(x)$가 $x=a$에서 연속이다. ⇨ [인문학적 풀이]

(i) $x=a$에서 정의되어 있고   ⇨ 내가 있어야 한다.

(ii) $\displaystyle\lim_{x \to a} f(x)$ 존재하고   ⇨ 누군가를 위해 최선을 다한다.

(iii) $\displaystyle\lim_{x \to a} f(x) = f(a) = \lim_{x \to a-0} f(x)$ ⇨ 우리가 꿈꾸는 세상

(다) 세 함수 모두 불연속함수였지만, 연속함수 $f(x)$와 곱해진 이후에는 연속함수가 된다.

(라) ㄱ. $\displaystyle\lim_{x \to 0} g(f(x)) : x = 0$에서 불연속과 연속의 만남 ⇨ 연속이 된다.

     ㄴ. $\displaystyle\lim_{x \to 2} g(f(x)) : x = 2$에서 불연속과 연속의 만남 ⇨ 불연속이 된다.

     ㄷ. $\displaystyle\lim_{x \to \frac{1}{2}} g(f(x)) : x = \frac{1}{2}$ 에서 연속과 연속의 만남 ⇨ 불연속이 된다.

* 인문학적 관점에서 합성함수의 극한과 연속성

합성함수의 극한과 연속성을 통해 인간관계의 유형을 통해 '시너지 효과'가 발생할 수 있는 삶을 살펴보자.

1) 연속과 연속의 만남

서로 같은 조건으로 평범하고 무난한 삶이다. 서로 손해 볼 것도, 덕을 볼 것도 없는 삶이다.

2) 연속과 불연속의 만남이 연속이 되는 경우

연속은 남을 위한 삶을 사는 것이며, 불연속은 남에게 도움을 받아야만 더 나은 삶을 살게 되는 것이다.

이 경우는 연속점에 있던 사람이 손해를 본 듯한 느낌을 가지는 경우가 많다.

⇨ 가진 자가 베풀어야 하며, 강자가 약자를 품어주고, 사랑하는 자가 늘 감싸 안아 주어야 한다.

3) 연속과 불연속의 만남이 불연속이 되는 경우

우리의 삶은 정말 다양하다. 이제는 새로운 관계를 따라 약속들이 생겨난다. 이러한 경우에 가치관이 없으면 흔들리게 된다. 연속이었던 내가 불연속적인 존재를 만나서 불연속이 되는 경우다. 이러한 삶은 사회가 정해놓은 틀 안에서만 살아가다 보니 '불연속적인' 남에게 휘둘리게 되는 불안정한 삶일 뿐이다.

⇨ 이에 대하여 가치관을 분명히 하고 그에 따라 살아가야 한다.

⇨ 의미를 발견하며 살아가는 것과 의미를 부여하며 살아가는 삶의 균형을 잡고, 자기주도적인 삶을 다자인 할 수 있는 능력이 요구된다.

⇨ 따라서, 2)과 3)의 경우 친구를 잘 만나야 한다는 말과 상통한다.

4) 불연속과 불연속이 만나 연속이 되는 경우

이러한 인간관계는 쉽게 만나기 어렵다. 이런 경우가 있다면 그것은 기적이라고 할 수 있다. 내 삶에 이러한 기적이 일어날 수 있다면 좋겠다.

17

연립방정식 – 하늘에 해가 없는 것이 아니라 보이지 않을 뿐이다

연립방정식의 개념과 원리를 통해서 더불어 살아가야 하는 공동체의 삶에 대한 해법을 제시할 수 있다.

(가) 연립방정식 하면 떠오르는 것은 서로 다른 방정식에 대하여 공통으로 만족하는 해를 찾는 것이다. 그러나 나만의 방정식을 풀어내는 것도 쉽지 않은데 다른 사람의 방정식까지 고려해서 풀어내기는 더더욱 쉽지 않다. 그렇다면, 어떻게 '해'를 찾을 수 있을까? 대입법, 등치법, 가감법을 사용할 수 있다.

(나) 세상을 살아가는 공동체 안에는 치열한 경쟁의 삶도 있지만 더불어 살아가는 경주의 삶도 있다. 이에 대하여 비슷하면 싸우게 되는 관계와 약육강식의 관계도 있다. 또한, 서로 윈-윈하며 살아가는 관계도 있다.

(다) 우리 삶의 연립방정식은 무수히 많은 해를 가진 경우도 있고, 오직 하나의 해를 가진 경우나 해가 없는 경우도 있다.

(라) "사람은 무엇으로 사는가?"라는 물음에 '사랑'이라고 말하고 싶다. 사랑에는 아가페, 에로스, 스톨게, 필리아가 있다. 그렇다면 인생이란 무엇인가? 내 생애에 사랑이 더해지면 행복해지지만, 사랑이 빠지면 슬퍼진다. 이처럼 인생이란 절반은 슬픔이고 절반은 행복으로 구성되어 있다고 할 수 있다. 여기서 무엇을 끄집어내느냐에 따라 전혀 다른 삶의 모습이 나타난다. 또한 오늘의 나는 이러한 것들이 모여서 이루어진 것이다. 만일 숨기고 싶은 삶의 이야기를 지워버린다면 등식은 성립하지 않을 것이다. 따라서 "내 생애에 지우개로 지워야 할 삶의 이야기는 없다"고 말하고 싶다.

(마) 사느냐 죽느냐 그것이 문제로다(To be or not to be, that is the question).

– 〈햄릿〉의 명대사

(바) 누구나 교만한 사람보다 겸손한 사람을 좋아한다. 그렇다면 교만과 겸손의 기준은 무엇일까? 사람마다 다르겠으나 은혜를 아는 사람과 모르는 사람의 차이가 아닐까 생각해 본다.

📖 생각 던지기

1 글 (가)와 (다)는 등식 $ax=b$의 해를 구하는 방법과 그에 따른 결과를 설명하고 있다. 다음 물음에 답하여라.

1-1 연립방정식 $\begin{cases} ax+y=1 \\ x+ay=1 \end{cases}$ 을 이용하여 설명하여라. (단, a는 상수)

1-2 서로 다른 두 실수 x, y 중에서 큰 수를 $x \vee y$, 작은 수를 $x \wedge y$로 나타내기로 할 때, $\begin{cases} x \vee y = 2x^2+y^2 \\ x \wedge y = x+y-1 \end{cases}$ 을 만족하는 실수 x, y의 합 $x+y$의 값은?

1-3 이차식과 이차식의 연립방정식의 해를 구하고자 한다. 글 (가)와 (다)를 이용하여 다음 문제를 해결하고, 그 과정에서 도출해 낼 수 있는 인문학적 언어를 글 (나)를 중심으로 설명해 보자.

① $\begin{cases} 2x^2-3xy+y^2=0 \\ 5x^2-y^2=16 \end{cases}$ ⇨ 머리카락 보인다. / 자세히 보면 약점이 보인다.

② $\begin{cases} 2x^2+2y^2+3x+y=12 \\ x^2+y^2+x-y=6 \end{cases}$ ⇨ 심장 소리가 들린다. / 중간자가 필요하다.

③ $\begin{cases} x^2-xy+y^2=7 \\ 4x^2-9xy+y^2=-14 \end{cases}$ ⇨ 숨바꼭질(상수항을 보면 머리카락이 보인다).

2 글 (라), (마), (바)를 연립방정식의 개념을 이용하여 표현해 보자.

생각 넓히기

1 꿈을 향해 걸어가는 삶의 여정에서 수많은 일들을 경험하게 된다. 이에 대하여 '수학과 인문학이 만나다'라는 주제로 다음과 같은 식을 제시하였다.

$$\begin{cases} \text{Life} + \text{Love} = \text{Test} \\ \text{Life} - \text{Love} = \text{Temptation} \end{cases}$$
$$\therefore \text{Human} = 1/2\text{Test} + 1/2\text{Temptation}$$

1-1 무엇을 의미하는지 설명하여라.

1-2 그에 따른 삶을 어떻게 디자인하며 살아갈 것인지 토론해 보자.

2 자신의 꿈과 비전을 향한 삶의 포부를 1번 문제처럼 식으로 표현하여 설명해 보자.

 생각 나누기

1 한국이는 다음 문제를 풀다가 잠이 들고 말았다. 물음에 답하여라.

실수 x, y가 등식 $x^2y^2 + x^2 + y^2 + 6xy + 6x + 6y + 13 = 0$을 만족할 때, $x^3 - y^3$의 값을 구하여라.

한국이의 풀이

$$x^2y^2 + (※) + 4 + x^2 + y^2 + 2xy + 6x + 6y + (@) = 0$$
$$(xy + ★)^2 + (△)^2 = 0$$
$$\cdots\cdots$$

1-1 한국이가 문제를 해결하고자 하는 방법을 따라 $x^3 - y^3$의 값을 구하는 과정을 서술하여라. (단, $x > y$)

1-2 잠이 들었다고 설정한 의도가 무엇인지 밝히고, 그에 따른 교훈을 이미지화시켜 자신의 표현으로 자유롭게 서술하여라. (이미지화란 사람의 마음에 어떤 사물에 대한 감각

적 인상이 떠오르게 하는 것을 말한다. 예를 들어, '겸손은 물이다. 끝없이 낮은 곳을 향해 흘러 가기 때문이다'.)

2 다음은 니체의 글이다. 세원이는 연립방정식으로 이 글의 의미를 표현했다. 무엇을 나타내는 표현일까?

> 사랑이란 자신과 다른 방식으로 느끼며 다르게 살아가는 사람을 이해하고 기뻐하는 것이다. 자신과 닮은 사람을 사랑하는 것이 아니라 자신과는 대립하여 살고 있는 사람에게 기쁨의 다리를 건네는 것이 사랑이다. 차이를 부정하는 것이 아니라 그 차이를 사랑하는 것이다.

$$\begin{cases} 사랑 = 나 + 다른\ 사람 \\ 차이 = 나 + 다른\ 사람 \end{cases} \Rightarrow 사랑 - 차이 = 0$$

⇨ 사랑을 하기 위해서는 차이가 있어야 함을 알 수 있다. 살아가면서 누군가 나와 다르니까 사랑할 수 없다고 생각하거나 나와 같은 사람만을 찾아다니지 말자. 서로 다름에 대한 차이를 인정하고 그 차이까지도 존중하고 사랑해 보는 건 어떨까.

* 생각 던지기

2 (라) $\begin{cases} \text{Life} + \text{Love} = \text{Happy} \\ \text{Life} - \text{Love} = \text{Sad} \end{cases}$ $\therefore \text{Life} = 1/2\text{Happy} + 1/2\text{Sad}$

(마) 인간 = 사느냐 + 죽느냐 (《누가복음》 23:32~43)

$\begin{cases} \text{Human} + \text{Cross} = \text{Salvation} \\ \text{Human} - \text{Cross} = \text{Destruction} \end{cases}$ $\therefore \text{Human} = 1/2\text{Salvation} + 1/2\text{Destruction}$

(바) 인간 = 교만 + 겸손 (《사사기》 8:22~27)

$\begin{cases} \text{Human} + \text{Grace} = \text{Humility} \\ \text{Human} - \text{Grace} = \text{Arrogance} \end{cases}$ $\therefore \text{Human} = 1/2\text{Humility} + 1/2\text{Arrogance}$

* 생각 나누기

1-1 $\quad x^2 y^2 + 4xy + 4 + x^2 + y^2 + 2xy + 6x + 6y + 9 = 0$

$\quad (xy + 2)^2 + (x + y + 3)^2 = 0$

$\quad \therefore x + y = -3, xy = -2$

$\quad (x - y)^2 = (x + y)^2 - 4xy = 17$

$\quad \therefore x - y = \sqrt{17} (\because x > y)$

$\quad x^3 - y^3 = (x - y)^3 + 3xy(x - y) = 11\sqrt{17}$

1-2

출제 의도: 교육이란 의미를 발견하고, 의미를 부여하는 능력이다.

채점 기준: 자신의 생각을 표현한 부분에 점수를 준다. 이미지 제시하고 잘 설명하면 점수를 주고, 둘 중 하나만 서술하면 부분 점수, 진술하지 않으면 0점을 준다.

예시)

• 징검다리 – 힌트를 주시려는 선생님의 마음

• 두루마리 화장지 – 문제를 풀어야 하니까

• 물과 기름관계 – 학생에게 공부와 잠은 불가분관계

• 한국이의 마음 읽기는 의사소통이 된다. (부분 점수)

• 숨바꼭질에서 머리카락 보일라 – 힌트를 주시려는 선생님의 생각

• 일수사견(一水四見) – 상대의 마음을 읽을 때 의사소통이 이루어진다.

18

일차방정식 – 괜찮아요, 표현이 다를 뿐!

수학적 관점과 문학적 관점의 차이를 발견하고, 이를 통해 여백이 있는 삶으로 어떠한 환경도 넉넉히 극복할 수 있는 방법을 찾는다.

(가) 지금 우린 마치 12시 30분의 시곗바늘처럼
서로 등 돌리고 다른 곳을 보고 모든 걸 버리려고 하잖아
우린 마치 12시 30분의 시곗바늘처럼
다신 돌아올 수 없는 곳으로 걸어가고 있잖아

– 비스트, 〈12시 30분〉

(나) 캄캄한 영원 그 오랜 기다림 속으로
햇살처럼 니가 내렸다
단 한번 축복 그 짧은 마주침이 지나
빗물처럼 너는 울었다
언젠가 만날 우리 가장 행복할 그날
첫눈처럼 내가 가겠다

– 에일리, 〈첫눈처럼 너에게 가겠다〉

(다) 우리 헤어진 날에 집으로 향하는 너
바라보는 것이 마지막이야
내가 먼저 떠난다 택시 뒤창을 적신 빗물 사이로
널 봐야만 한다. 마지막이라서

– 김연우, 〈이별택시〉

(라)

좋으니 그 사람 솔직히 견디기 버거워　　좋아 참 그 사람 한없이 날 이해해 줘
네가 조금 더 힘들면 좋겠어　　　　　　넌 날 몰라도 정말 몰라 줬어
진짜 조금 내 십 분의 일만이라도　　　　내 아픔의 단 십 분의 일만이라도
아프다 행복해 줘　　　　　　　　　　아프다 날 잊어 줘

억울한가 봐 나만 힘든 것 같아　　　　억울한가 봐 너만 힘든 것 같니
나만 무너진 건가　　　　　　　　　　어쩜 넌 그대로니
고작 사랑 한 번 따위　　　　　　　　몰래 흘린 눈물 아니
나만 유난 떠는 건지　　　　　　　　제발 유난 좀 떨지 마
복잡해 분명 행복 바랐어　　　　　　　간단해 나는 행복 바랐어
이렇게 빨리 보고 싶을 줄　　　　　　그게 언제든 넌 알 바 아닌 걸

　　　　　　　　　- 윤종신, 〈좋니〉　　　　　　　　　　　- 민서, 〈좋아〉

 생각 던지기

1 평소에 즐겨 듣고, 부르는 노래는 무엇인가?

2 글 (가)~(라)는 우리가 잘 아는 노래 가사이다. 문학적인 시각으로 바라보면 오류를 찾을 수 없지만, 수학적인 관점으로 살펴보면 오류를 발견할 수 있다. 다음 가사들의 수학적 오류는 무엇인지 설명하고, 바꿔 보자.

　2-1 12시 30분의 시곗바늘처럼

　2-2 햇살처럼, 첫눈처럼

　2-3 바라보는 것이 마지막이야

　2-4 내 십 분의 일 만이라도

생각 넓히기

1 누구에게나 애창곡은 있다. 나의 애창곡은 무엇인가?

2 음악이 나에게 주는 삶의 의미는 무엇인가?

3 음악(音樂)과 음학(音學)의 차이와 상관관계를 설명해 보자. 또한 이에 대하여 나는 어떤 삶을 추구할 것인지 나누어 보자.
⇨ 수학적 관점은 정확하고 논리적이어야 한다는 점에서 음학과 관련이 있고, 인문학적 관점은 낭만적이고 마음에 여백을 주는 감성적이라는 점에서 음악과 관련이 있다고 할 수 있다.
⇨ 우리는 음악과 음학의 균형을 유지하는 지혜가 있어야 한다.

 생각 나누기

1 우리 삶에서 '수학적 관점'과 '문학적 표현' 사이에 간극이 생길 때가 있다. 예를 들어, '입 다물고 밥 먹어라'는 말은 수학적인 관점으로 보면 교환법칙이 성립하지 않아 일상의 의사소통과는 전혀 다른 결과를 가져 온다. 그렇다면 그 경계는 무엇이고, 이에 대해 우리는 어떤 자세를 가져야 할까?

2 '수학적 관점'과 '문학적 관점'의 차이는 무엇인가?
  2-1 수학적 관점에서의 장단점을 나누어 보자.
  2-2 문학적 관점에서의 장단점을 나누어 보자.
  2-3 수학적 관점과 문학적 관점에서의 간격을 줄이는 방법을 나누어 보자.
⇨ '수학적 논리'에 '문학적 감성'의 균형이 행복한 삶을 만든다.

* 생각 던지기

2-1 12시 30분은 시침과 분침이 이루는 각이 정확히 180°가 될 수 없다.

12시 30분에서 시침과 분침이 이루는 각의 크기는 $180° - 360° \times \frac{1}{12} \times \frac{30}{60} = 165°$이다.

따라서 시침과 분침이 정확히 180°를 이루는 시간을 구해 보자면 다음과 같다.

Hour=0~11, 12=0라 할 때, 특정 시, 분에서 이루는 각도는

$$\frac{360°}{60} \times \min - \left(\frac{360°}{12} \times hour + \frac{360°}{12} \times \frac{\min}{60} \right) = \deg$$

따라서 특정 시간에서 180도를 이루는 시간은

min=(180+30*Hour)/5.5이다.

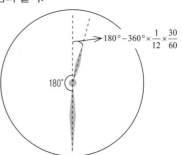

시침은 12시에서 30분만큼 회전

hour	min	시	분	초	1/100초
0	32.72727	0	32	43	0.64
1	38.18182	1	38	10	0.91
2	43.63636	2	43	38	0.18
3	49.09091	3	49	5	0.45
4	54.54545	4	54	32	0.733
5	60	5	60	0	0
6	65.45455	6	65	27	0.27
7	70.90909	7	70	54	0.55
8	76.36364	8	76	21	0.82
9	81.81818	9	81	49	0.09
10	87.27273	10	87	16	0.36
11	92.72727	11	92	43	0.64

그러므로 시침과 분침이 180°를 이루는 시간은 위와 같거나 비슷하다고 할 수 있다. 약간의 오차가 있을 수도 있지만 육안으로 확인이 불가능한 정도이다. 특히 5시 경우에는 min 결과 값이 60분이 되므로 이는 6시를 의미한다.

따라서 5시에는 시침과 분침이 180°를 이룰 수 없다.

그러므로 가사 중 12시 30분을 다음과 같이 바꿔야 한다.

지금 우린 마치 12시 32분 43초 64의 시곗바늘처럼
서로 등 돌리고 다른 곳을 보고 모든 걸 버리려고 하잖아
우린 마치 12시 32분 43초 64의 시곗바늘처럼
다신 돌아올 수 없는 곳으로 걸어가고 있잖아

2-2 이 노래는 제목에서부터 수학적 오류를 갖고 있다. 이 노래는 드라마 남녀 주인공을 빗대어 가사를 썼다고 하는데, 가사대로라면 드라마 속 남주인공은 여주인공에게 '첫눈처럼' 첫눈의 속도로 가야 한다.

눈은 구름에서 만들어지고, 구름은 성층권 아래쪽 대류권에 있으며 지면으로부터 대략 7km 정도 떨어져 있다. 남자의 몸무게를 대략 74kg이라 하면, 남자가 7000m(7km)의 높이에서 바닥에 떨어졌을 때 튕겨나가지 않는다는 가정하에(튕겨나갈 경우 충격량이 더 커짐) 충격량은

$m\sqrt{2gh} = 74kg \times \sqrt{2 \times 10 \times 7000m} = 27688.2646 \cdots kg\,m/s$이다.

이것은 2768.82646⋯kg의 물체를 드는 힘이다.

또한, 가사 중 '햇살처럼 니가 내렸다'에서 여자의 몸무게를 대략 48kg이라고 한다면 빛의 속도로 내려갔을 때 여자가 땅에 닿는 순간 충격량은 $48kg \times 299792458m/s = 143900379984kg\,m/s$이다.

따라서 이 둘은 찻집(저승)에서 만나게 될 것이다.

그러므로 이 가사는 다음과 같이 바꿔야 한다.

캄캄한 영원 그 오랜 기다림 속으로 햇살처럼 니가 내렸다
단 한번 축복 그 짧은 마주침이 지나 빗물처럼 너는 울었다
언젠가 찻집에서 만날 우리 가장 슬플 그날 첫눈처럼 내가 가겠다.

2-3 흐르는 두 빗물 사이로 본다는 것은 현실적으로 불가능하다. 하지만 가능하다고 가정하면 다음과 같다.

나와 택시 뒤창 사이의 간격을 40cm, 택시 뒤창을 적신 빗물의 간격을 1cm라고 가정했을 때,

두 빗물 사이의 간격이 1cm일 때, 과장해서 표현했을 때,

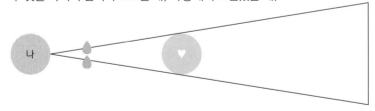

만약 집의 방향이 보는 방향과 다르다면 바라볼 틈도 없이 사라질 것이고, 방향이 같다면 시력이 안 좋아서 보이지 않거나 지구가 둥글어서 더 이상 보이지 않을 때까지 계속 볼 수 있다.

가사 속 '너'와 나 사이의 장애물이 없다면, 애인의 키를 160cm라고 했을 때,

나와 택시 뒤창 사이의 거리 : 빗물 사이의 거리 = 나와 헤어진 애인 사이의 거리 : 애인의 키 = 40 : 1 = x : 160

x = 160×40 = 6400(cm)이므로 나와 헤어진 애인 사이의 거리가 6400cm(64m)가 될 때부터 헤어진 애인의 전신을 택시 뒤창의 두 빗물 사이로 볼 수 있다. 따라서 내가 헤어진 애인의 모습을 볼 수 있는 거리는 (64+α)m이다. $\lim_{\alpha \to \infty}(64+\alpha) = \infty$(m)이다. 만약 여기서 오류를 찾지 못했다면 우리 모두 실수를 한 것이다. 지구는 둥글기 때문에 시야가 무한(∞)이 될 수 없다.

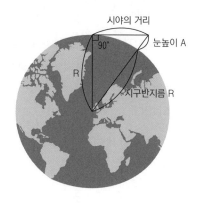

시야의 거리 $= \sqrt{\{(\text{지구반지름}) + (\text{눈높이})\}^2 - (\text{지구반지름})^2}$

$\qquad\qquad = \sqrt{(6400km + 0.001km)^2 - (6400km)^2} = 3.577708\cdots$

약 3.6km를 (택시 속도 : 58km/h, 걷는 속도 2km/h) 60km/h의 속도로 멀어지므로 0.06시간(3.6분) 동안 볼 수 있다.

따라서 가사를 다음과 같이 바꿔야 한다.

우리 헤어진 날에 집으로 향하는 너 바라보는 것이 마지막은 아니야
내가 먼저 떠난다. 택시 뒤창을 적신 빗물사이로 널 봐야만 한다.
3.6분밖에 안 남아서

2-4 〈좋니〉는 윤종신이 사랑했던 여자와 헤어지고 나서 아파하며 작사한 노래이다.

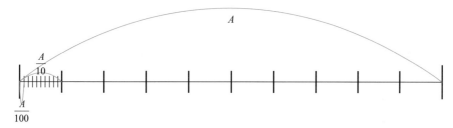

가사에서 윤종신은 헤어진 연인에게 본인이 아픈 것의 $\frac{1}{10}$만큼이라도 아파해 달라고 한다. 곧 윤종신이 아픈 정도를 A라고 할 때, 윤종신이 바라는 연인의 아픈 정도는 본인의 최대 $\frac{A}{10}$이다. 또한 연인 역시 윤종신에게 본인이 아픈 것의 $\frac{1}{10}$만큼이라도 아파해 달라고 한다. 그녀가 최대인 $\frac{A}{10}$만큼 아프다고 할 때, 그녀는 최대 $\frac{A}{10} \times \frac{1}{10} = \frac{A}{100}$만큼 윤종신이 아프다고 생각한다. 윤종신이 생각하는 자신이 아픈 정도가 A이고, 헤어진 연인이 생각하는 윤종신의 아픈 정도는 $\frac{A}{100}$이다. $A \neq \frac{A}{100}$이므로 이는 성립하지 않는다. 따라서 둘은 아직도 서로를 이해하지 못하고 있는 것으로 보이고, 다시 만나더라도 똑같은 이유로 헤어질 것으로 예상된다.

따라서 가사를 다음과 같이 변경하는 것이 수학적으로 옳은 것으로 보인다.

좋으니 그 사람 솔직히 견디기 버거워
네가 조금 더 힘들면 좋겠어
진짜 조금 내 십 분의 일만이라도
아프다 행복해 줘

                  – 윤종신, 〈좋니〉

좋아 참 그 사람 한없이 날 이해해 줘
넌 날 몰라도 정말 몰라 줬어
내 아픔의 단 열 배만큼
아프다 날 잊어 줘

                    – 민서, 〈좋아〉

네 번째 생각여행

다양성과 관용은
아름다움의 기초

분수의 덧셈과 페리수열(바보수열)의 개념과 원리를 통해 현상 너머의 행복한 삶의 언어를 발견할 수 있다.

(가) 식 $\frac{3}{10}+\frac{1}{4}$의 값은 얼마인지 물었다.

갑은 $\frac{11}{20}$, 을은 $\frac{4}{14}$라고 답했다.

갑과 을은 서로를 바보라고 놀려댔다. 둘 중 누가 옳은 것인가?

(나) 야구에서 타율은 타자가 얼마나 많은 안타를 쳤는지를 알기 쉽게 소수로 나타낸 확률이다. 예컨대, 어떤 타자가 오늘까지 10번 타석에 들어서 3번의 안타를 쳤다면 이 타자의 타율은 3/10=0.3이므로 3할이다. 이 타자가 그 다음 날 4번의 타석에서 1번의 안타를 쳤다면 모두 14번의 타석에서 4번의 안타를 친 것이므로 타율은 4/14≈0.286 즉, 2할 8푼 6리라고 한다. 이러한 셈을 '바보셈'이라 한다.

(다) 영국의 지질학자였던 존 페리(John Farey)는 1816년에 〈*Philosophical Magazine*〉이라는 잡지에 수열에 관한 글을 실었다. 이 수열은 0과 1 사이에 있는 분수를 나타내는 것으로 나중에 페리 수열이라고 불리게 되었다. n번째 페리 수열을 Fn이라고 하면 0부터 1 사이의 기약분수들 중에서 분모가 n 이하인 분수들을 순서대로 배열해 보자.

(라) 헤겔의 변증법은 정반합(正反合)으로 이루어진다. 역사나 정신 같은 모든 세계는 끊임없이 변화하고 발전해 가는 변증법적 전개 원리로 설명될 수 있다는 주장이다. 즉, 하나의 주장인 정(正)에 다른 주장인 반(反)이 나오고, 여기에 더 높은 종합적인 주장인 합(合)이 나와 통합되고 발전되는 과정이라고 한다.

(마) 어머니는 그륵이라 쓰고 읽으신다
그륵이 아니라 그릇이 바른 말이지만 어머니에게 그릇은 그륵이다
물을 담아 오신 어머니의 그륵을 앞에 두고 그륵, 그륵 중얼거려보면
그륵에 담긴 물이 편안한 수평을 찾고
어머니의 그륵에 담겨졌던 모든 것들이
사람의 체온처럼 따뜻했다는 것을 깨닫는다

나는 학교에서 그릇이라 배웠지만 어머니는 인생을 통해 그륵이라 배웠다
그래서 내가 담는 한 그릇의 물과 어머니가 담는 한 그륵의 물은 다르다
말 하나가 살아남아 빛나기 위해서는 말과 하나가 되는 사랑이 있어야 하는데
어머니는 어머니의 삶을 통해 말을 만드셨고
나는 사전을 통해 쉽게 말을 찾았다

무릇 시인이라면 하찮은 것들의 이름이라도
뜨겁게 살아있도록 불러 주어야 하는데
두툼한 개정판 국어사전을 자랑처럼 옆에 두고
서정시를 쓰는 내가 부끄러워진다

– 정일근, 〈어머니의 그륵〉

 생각 던지기

1 글 (가)에서 갑과 을의 대답 중 누구의 생각이 옳은가? 옳고 그름을 판별하고 갑과 을의 입장에서 각각의 정당성을 설명하여라.

2 연산에는 사칙연산과 이항연산이 있다. 둘의 공통점과 차이점을 말하고, 글 (가)에서 제시한 갑과 을의 주장을 연산의 개념과 연결하여 설명하여라.

3 글 (마)에서 '그륵'과 '그릇'의 차이점은 무엇인가?

4 글 (다)는 글(나)의 '바보셈'의 원리를 설명할 수 있다. 페리수열의 일반항을 F_n이라 할 때, 1부터 5까지의 페리 수열 $F_1 \sim F_5$을 찾아라.

페리 수열이란?

$\dfrac{a}{b}$와 $\dfrac{c}{d}$와 $\dfrac{e}{f}$가 이웃한 항이고 $\dfrac{a}{b} < \dfrac{c}{d} < \dfrac{e}{f}$을 만족하면 $\dfrac{c}{d} = \dfrac{a+e}{b+f}$이다.

---

5 글 (가)~(마)를 통해 배울 수 있는 교훈을 나누어 보자.

생각 넓히기

1 글 (가)의 질문에 대하여 나는 어떤 답을 할 것인가? 갑과 을의 대답에 대하여 어떤 판단을 할 것인가?

⇨ 갑은 공동체가 약속한 분수의 덧셈 법칙에 의해 답을 하였다. 을은 야구라는 상황에서 답을 하였다. 그러므로 옳고 그름을 평가하기 전에 "왜"라는 질문을 해주었어야 했다. 진정한 바보는 "왜"라는 질문을 하지 않고 사람을 평가하는 사람이요, 또한 자신의 생각을 끝까지 표현하지 못하고 평가를 당하는 사람이다.

2 〈어머니의 그륵〉에서, '그릇'과 '그륵'의 표현을 통해 어머니의 마음을 읽을 수 있다. 내게도 그륵이라 쓰고 읽으신 어머니를 부끄러워 했던 것과 비슷한 사례가 있다면, 나누어 보자.

3 르네 데카르트는 '나는 생각한다, 고로 존재한다(Cogito, ergo sum)'고 말했다. 이 문장과 관련하여 제시문을 통해 내가 생각한 것은 무엇이며, 오늘의 나는 어떤 존재인지 나누어 보자.

1 주제에 대해 자신의 의견을 발표하고 페리 수열로 그 이유를 설명하여라.

  1-1 칸토어는 수학의 본질은 자유함에 있다고 한다. 반면, 수학은 불변의 학문이라고
도 한다. 법칙에서 벗어난 것은 틀린 것인가?

  ➡ 그렇지 않다. 글 (가)를 통해 알 수 있듯, 일반적인 수학 법칙에 벗어나더라도 색다른 시각으로 보면 그
것이 옳을 수 있다. 바보셈도 초등학교 수학 시간에는 옳지 않지만 페리 수열에서는 옳은 답이 될 수
있지 않은가? 즉, 수학은 틀린 것에서 새로운 분야가 개척되는 유연한 학문이다.

  1-2 글 (라)의 헤겔의 변증법 원리에 따라 글 (가)와 (마)를 설명하여라.

* 생각 던지기

1 둘 다 옳다.

위의 설명한 계산을 분수의 덧셈으로 나타내면 다음과 같다.

$$\frac{3}{10}+\frac{1}{4}=\frac{3+1}{10+4}=\frac{4}{14}$$

이 분수의 덧셈이 이상하다고 느낄 수도 있다. 일반적인 분수의 덧셈은 다음과 같다.

$$\frac{3}{10}+\frac{1}{4}=\frac{12}{40}+\frac{10}{40}=\frac{11}{20}=0.55$$

이렇게 계산하는 것이 옳은 분수의 덧셈이지만, 야구에서 타율을 계산할 때는 분수의 덧셈을 분모는 분모끼리 분자는 분자끼리 더하여 셈한다. 이것을 '바보셈'이라고 한다.

4 바보셈을 이용하면 특별한 수학을 만들 수 있다. 영국의 지질학자였던 존 페리는 1816년 〈*Philosophical Magazine*〉이라는 잡지에 어떤 수열에 관한 글을 실었다. 이 수열은 0과 1 사이에 있는 분수를 나타내는 것으로 나중에 페리 수열이라고 불리게 되었다. n번째 페리 수열을 F_n이라고 하면 0부터 1 사이의 기약분수들 중에서 분모가 n 이하인 분수들을 순서대로 배열한 것이다. 예를 들어 1부터 5까지의 페리 수열은 다음과 같다.

$$F_1=\{\frac{0}{1},\frac{1}{1}\}, \quad F_2=\{\frac{0}{1},\frac{1}{2},\frac{1}{1}\}, \quad F_3=\{\frac{0}{1},\frac{1}{3},\frac{1}{2},\frac{2}{3},\frac{1}{1}\}, \quad F_4=\{\frac{0}{1},\frac{1}{4},\frac{1}{3},\frac{1}{2},\frac{2}{3},\frac{3}{4},\frac{1}{1}\},$$

$$F_5=\{\frac{0}{1},\frac{1}{5},\frac{1}{4},\frac{1}{3},\frac{2}{5},\frac{1}{2},\frac{3}{5},\frac{2}{3},\frac{3}{4},\frac{4}{5},\frac{1}{1}\}\cdots$$

n번째 페리 수열에서 $\frac{a}{b}$와 $\frac{c}{d}$가 이웃한 분수이고, $\frac{a}{b}<\frac{c}{d}$라면 두 분수의 차이는 항상 $\frac{1}{bd}$이므로 다음이 성립한다.

$$\frac{c}{d}-\frac{a}{b}=\frac{bc-ad}{bd}=\frac{1}{bd}, \text{ 즉 } bc-ad=1$$ 이다.

또, $\frac{a}{b}, \frac{c}{d}, \frac{e}{f}$가 이웃한 항이고, $\frac{a}{b}<\frac{c}{d}<\frac{e}{f}$을 만족하면, $\frac{c}{d}=\frac{a+e}{b+f}$이 성립한다.

이를 테면, F_5에서 1/3과 1/2사이에는 2/5가 있다. $\frac{1+1}{3+2}=\frac{2}{5}$

즉 $\frac{a}{b}, \frac{c}{d}, \frac{e}{f}$가 이웃한 항이고 $\frac{a}{b}<\frac{c}{d}<\frac{e}{f}$을 만족하면 $\frac{c}{d}=\frac{a+e}{b+f}$이다.

20

매듭이론 – 서로 다름을 아우르는 가치관

매듭이론의 개념과 원리를 통해 다양해진 삶의 문화를 이해할 수 있다.

(가) 분자의 화학 성질은 이를 구성하는 원자들이 어떻게 꼬여서 매듭을 이루고 있는가에 달려있다는 볼텍스(vortex) 이론에서 출발한 수학적 매듭이론은 오늘날 실생활에서 광범위하게 사용된다. 매듭이론에서 다루는 '매듭'은 실생활에서 사용되는 것과 다르게 고무 밴드처럼 줄의 양쪽 끝이 맞붙은 것을 가리킨다. 하나의 매듭을 자르지 않고 조금씩 움직여서 다른 매듭으로 바꿀 수 있을 때 두 매듭은 같은 형태를 지닌다.고 할 수 있다.

(나) 매듭이론은 서로 다른 매듭들을 분류하려는 것으로부터 출발한다. 매듭을 분류하는 방법 중 가장 대표적인 것이 '교차점의 수'일 때 〈그림 A〉와 〈그림 B〉를 각각 구분하라.

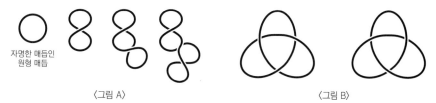

자명한 매듭인
원형 매듭

〈그림 A〉   〈그림 B〉

(다) 들판에 핀 꽃을 봐.
풀잎의 모양 하나도 똑같은 게 없어.
사람마다 지문이 다르고 생긴 게 다르고
성격이 다르고 좋아하는 게 다른 것처럼.
그냥 다를 뿐이야. 달라도 우린 친구야.

– 허은미 글·정현지 그림, 《달라도 친구》

(라) 다문화 사회란 한 국가나 한 사회 속에서 다른 인종, 민족, 계급 등 여러 집단이 지닌 문화가 함께 존재하는 사회를 말한다. 국내에서는 농촌사회 남성들이 외국인 아내를 맞는 결혼이민이 주를 이루지만 세계화가 가속화됨에 따라 점차 결혼이민자 외에도 다양한 국가의 외국인들과 그들의 다문화가 유입되고 있다. 다문화 이론으로는 샐러드볼 이론, 국수대접 이론, 용광로 이론이 있다.

(마) 여름에 나뭇잎들은 모두가 초록색을 하고 있다. 하지만 가을이 되면 형형색색의 아름다움을 우리에게 선물한다. 숨겨진 색소를 드러내는 단풍 이야기이다. 원래 나뭇잎에는 초록색을 띠는 엽록소 외에 여러 개의 색소체가 숨어 있다. 노란색 단풍의 경우 엽록소가 파괴되면서 카로티노이드(carotenoid)라는 노란 색소가 겉으로 드러나는 것이다. 붉은색 단풍은 수용성 색소인 안토시아닌(anthocyan)에 의해 붉은색이 드러난다고 한다.

 생각 던지기

1 글 (다)를 글 (가)와 (나)의 관점에서 설명하고, 공통점과 차이점을 설명하여라.

2 글 (마)에서 나뭇잎의 변화에 대하여 설명하고 있다.
  2-1 여름의 나뭇잎은 초록색으로 한 가지 색을 띠지만 가을에는 서로 다른 색으로 변화한다. 그 원인은 무엇인가?
  2-2 가을하면 떠오르는 것은 낙엽이다. 낙엽에 대한 추억을 나누어 보자.

3 다음 글을 읽고 물음에 답해 보자.

> 선생님은 'B와 8은 같은 것일까?'라는 질문을 던졌다. 이에 대한이는 '전혀 다르다', 민
> 국이는 '같은 것이다'라고 주장하였다. 이에 대하여 선생님은 그림처럼 도넛과 컵은
> 분명히 다르지만 한편으로는 같다고 말씀하셨다.

3-1 선생님 말씀의 논리적 근거는 무엇인가?

3-2 서로 달라 보이지만 같을 수 있다는 관점에서 배울 수 있는 메시지는 무엇인가?

생각 넓히기

1 글 (나)는 서로 다르게 보이지만 같은 것이고, 같아 보이지만 다른 것에 대한 메시지를
담고 있다. 이와 관련 있는 자신의 모습을 나누어 보자.

2 글 (나)~(마)를 통해 성숙한 나를 만나기 위한 방안을 찾고자 한다.

2-1 내가 추구하고자 하는 가치가 무엇인지 키워드를 제시하여 설명하여라.

2-2 내 안에 있는 또 다른 나를 글 (나)~(마)를 중심으로 찾아보자.

3 글 (마)에서 나뭇잎의 변화에 대하여 설명하고 있다.

3-1 평소에 나는 어떤 색소를 가지고 사회생활을 하고 있는가?

3-2 서로 다른 수많은 나뭇잎의 색들이 모여서 아름다운 자연을 만들고 있다. 서로 다
름에서 오는 아름다움을 우리 삶에서 찾아보자.

3-3 '내 안에는 예수 그리스도의 색소가 있어서 나의 모든 허물을 깨끗하게 할 수 있
다'고 주장하는 사람에게 무엇이라고 말하고 싶은가?

생각 나누기

1 매듭이론은 서로 다르게 보이는 것들이 공통으로 분류되거나 같아 보이는 것들이 서로 다름을 말해 준다. 이처럼 우리 공동체에서 이와 같은 원리를 설명할 수 있는 사례를 제시하고, 그 이유를 나누어 보자.

2 가을 단풍과 낙엽(落葉)은 서로 다른 색으로 아름답게 어우러진다. 다음 글을 중심으로 아름다운 낙엽을 오랫동안 간직하는 방법을 나누어 보자.

《탈무드》에서 인간의 몸에는 여섯 개의 소용되는 부분이 있다고 한다. 그중 눈, 코, 귀는 자신이 지배할 수 없지만 입, 손, 발은 자신이 지배할 수 있다고 한다.

3 다문화 사회에서는 서로 다름을 인정하고 함께 모여 아름다운 공동체를 만들어가는 샐러드볼 이론이 적용되어야 한다. 샐러드볼 이론이 적용되기 위한 방안을 나누어 보자.

다음 글을 읽고 물음에 답하여라.

오일러의 정리는 수학사에서 중요한 업적으로 간주되고 있는데, 형상이나 위치 관계에 초점을 맞추어 점과 선으로 변환한 발상 때문이다. 이러한 발상은 도형 상호 간의 위치나 연결 방식 따위를 연속적으로 변형하여 그 도형의 공간의 성질을 연구하는 위상수학의 출발점이 되었다. 우리가 실생활에서 많이 접하는 위상수학의 사례로는 지하철 노선도가 있다. 노선도는 실제의 지리적인 위치나 거리 등을 무시하고 수평선과 수직선, 사선 등을 이용하여 노선을 표시하고 있지만, 그래도 사람들은 이를 통해 목적지가 몇 번째 역인지 어디서 환승하면 좋은지 등을 충분히 알 수 있다.

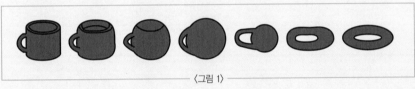
〈그림 1〉

[A] 지하철 노선도는 실제의 공간을 구부리고, 늘리고, 줄이는 등의 변형을 거쳤는데, 이것이 바로 위상수학의 핵심인 위상 변환이다. 그런데 위상 변환에는 일정한 규칙이 있다. 구부리거나 늘리거나 줄이는 것은 얼마든지 허용되지만, 자르거나 이어 붙이거나 구멍을 뚫는 변형은 허용되지 않는다. 〈그림 1〉과 같이 고무찰흙으로 되어 있는 머그잔은 자르거나 이어 붙이거나 구멍을 뚫지 않고 연속적으로 길이와 모양만 바꾸면 도넛 형태로 만들 수 있다. 즉, 이것은 머그잔을 구성하는 모든 점과 도넛을 구성하는 모든 점을 일대일로 대응시키면서 머그잔이라는 도형을 구부리고 늘리는 위상 변환을 통해 구멍은 1개라는 불변성은 지키면서 머그잔 위의 점들과 도넛 위의 점들이 연속적 위치 관계를 바꾸지 않고 겹치게 한 것이다. 이렇게 공통되는 불변성을 유지하면서 위상 변환을 통해 같은 형태로 만들 수 있는 것을 '위상적 동형'이라 한다. 반면에 공으로 도넛을 만들려면 가운데 부분에 구멍을 뚫어야 하므로 공과 도넛은 위상적 동형이 될 수 없다.

* 선형도형: 몇 개의 선과 그 끝점으로 이루어져 있고 전체가 연결되어 있는 도형.

(2016 EBS 수능특강 국어영역 독서 기출문항)

1 [A]를 참고하여 [보기]를 설명할 때 적절하지 않은 것은?

보기

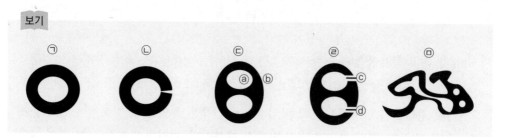

① ㉠은 위상 변환을 해도 ㉡처럼 만들 수는 없다.

② ㉡과 ㉣은 위상적 동형으로 볼 수 있다.

③ ㉢의 ⓐ와 ⓑ 사이를 잘라 ㉠처럼 만드는 것도 위상 변환이다.

④ ㉣에서 ⓒ와 ⓓ 부분을 이어 붙여도 ㉤과 위상적 동형이 될 수 없다.

⑤ ㉠, ㉢, ㉤ 사이에는 공통되는 불변성이 없다.

＊ 제시문

(나) 〈그림 A〉는 매듭이론에서 가장 간단한 매듭으로, 꼬인 곳이 없어 원형 매듭 또는 풀린 매듭으로 불린다. 세 개의 꼬인 매듭들도 3차원의 공간에서 조금씩 움직이면 원형 매듭과 같은 매듭이 되므로 이들은 모두 같은 원형 매듭이다.

〈그림 B〉의 두 매듭은 같은 매듭인 것처럼 보이지만, 가위로 줄을 끊어 내지 않고서는 아무리 애써도 같은 모양으로 변형시킬 수 없기 때문에 이 둘은 비슷해도 서로 다른 매듭이다. 두 매듭은 각각 왼세잎 매듭과 오른세잎 매듭으로 불리며 교차점이 3개인 유일한 매듭이다.

＊ 생각 던지기

3 위상 변환에는 일정한 규칙이 있다. 구부리거나 늘리거나 줄이는 것은 얼마든지 허용되지만, 자르거나 이어 붙이거나 구멍을 뚫는 변형은 허용되지 않는다. 그림과 같이 고무찰흙으로 되어 있는 머그잔은 자르거나 이어 붙이거나 구멍을 뚫지 않아도, 연속적으로 길이와 모양만 바꾸면 도넛 형태로 만들 수 있다.

＊ 생각 나누기

1 언어를 예로 들면, 영어, 중국어, 일본어, 스페인어 등의 요소들은 국가마다 사용되는 언어라는 기준에서는 모두 다르게 분류되지만, 의사소통이라는 관점에서는 하나로 분류된다.

팝송 〈Empire State of Mind〉에서 묘사하고 있는 뉴욕은, 매듭이론의 관점에서 볼 때 서로 다르게 보이는 다양한 사람들이 모여 하나의 공동체를 이루는 것이라고 할 수 있다.

> I'm out that Brooklyn …
> Concrete jungle where dreams are made of.
> There's noting you can't do. Now you're in New york.

2 스티븐 코비의 인생을 바꾸는 90:10 법칙이라는 것이 있다. '당신 인생의 10%는 당신에게 일어나는 사건들로 결정되지만, 나머지 인생의 90%는 당신이 어떻게 반응 하느냐에 따라 결정된다'는 것이다. 우리 인생에도 어쩔 수 없이 받아들여야 하는 눈, 코, 귀와 같은 일이 있지만, 내가 어떻게 하느냐에 따라 전혀 다른 인생을 살 수 있는 손, 발, 입과 같은 일도 있다.

땅에 뒹구는 낙엽은 아무리 아름다워도 며칠 지나지 않아 볼품없는 쓰레기가 되지만 책갈피에 꽂아 둔 낙엽은 아름다운 색채뿐 아니라 그 형체도 흐트러지지 않는다. 그러므로 누군가 나의 아름다움을 알아주고, 아름다운 지금의 모습을 품어주는 것은 인생에서 매우 중요한 일이다.

21

평행선 – 이상(異相)한 사람들이 만들어 가는 세상

평행선의 개념과 성질을 알고, 지혜로운 삶을 이끌어 나가는 방법을 찾아보자.

(가) 평행한 두 직선의 기울기는 같다. 그러므로 만나지 않는다. 이에 대하여 유클리드 기하학의 제5공준은 '밖의 한 점을 지나 그 직선에 평행한 직선은 단 하나만 존재한다'고 한다. 하지만 이것은 평면에서 성립한다. 비유클리드의 쌍곡기하에서는 '선 밖의 한 점을 지나 그 직선에 평행한 직선은 둘 이상 존재한다'고 한다.

(나) 좁혀지지 않아 한 끗 차이 우린 마치 평행선처럼
언젠가는 못 다한 말을 전할 거야
다가갈게 언제까지나   – 여자친구, 〈시간을 달려서〉

(다) 그림과 같은 시계의 둥근 문자판에 두 개의 평행 직선을 그어 문자판을 세 부분으로 나누고자 한다. 각 부분에 있는 수들의 합이 모두 같아지게 하는 방법을 서술하여라.

(라) 늙어가는 부부는 여전히 한쪽씩 맡아 걷는다.
뒤돌아봄도 없는 걸음이 경행 같아서 말싸움 같은 것은 흔적도 없다.
남편이 한쪽을 맡고 또 한쪽을 아내가 맡아
탓도 상처도 밟아 가는 양 날개
안팎으로 침묵과 위로가 나란하다
이런저런 궁리를 따라 길이 구불거리고
묵묵한 동행은 멀리 언덕을 넘는다.
소실점 가까이 한 점 된 부부 언덕도 힘들지 않다.

-오창렬, 〈부부〉

1 평행한 두 직선 사이의 거리에 대하여

1-1 정점 $A(x_1, y_1)$에서 직선 $ax+by+c=0$에 이르는 거리가
$\dfrac{|ax_1+by_1+c|}{\sqrt{a^2+b^2}}$ 임을 증명하여라.

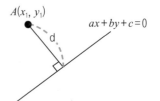

1-2 평행한 두 직선 $2x-y+2=0$과 $2x-y-3=0$ 사이의 거리를 구하여라.

2 평행선은 글 (나), (라)에서와 같이 시나 노래 가사에서 같은 길을 가지만 만날 수 없는 둘 사이의 간격을 표현하는 경우가 많다. 그렇지만 수학적인 관점에서는 이러한 의미가 성립하는 경우와 성립하지 않는 경우가 있다.

2-1 유클리드 기하학과 비유클리드 기하학을 통해 설명해 보자.

2-2 기찻길이 만나는 점을 미술에서는 '소실점'이라고 부른다. 이에 대하여 설명해 보자.

⇨ 기찻길의 철로는 서로 만날 수 없는 평행선이지만 멀리 보이는 소실점처럼 하나의 점으로 보인다. 또한 평행선이 꼭 만나야 갈등이 없어지는 것은 아니다. 오히려, 모든 평행선이 만나다 보면 교차로가 많아서 교통사고가 자주 일어날 수 있다. 그러므로 우리는 다양한 시각을 가지고 세상을 아름답게 보려는 노력이 필요하다.

3 글 (다)에서 평행한 두 직선을 통해 서로 다른 숫자들이 모여 있지만 각 부분의 합이 같도록 만들었다. 그 방법을 수학적으로 설명하여라.

생각 넓히기

1 평행선의 개념에는 '만날 수 없다'와 '만날 수 있다'는 두 상반된 주장이 있다. 이와 같은 사례를 제시하고, 그 이유를 설명하여라.

▷ 복소수는 실수와 허수로 구성되어 있다. 이들은 서로 하나가 될 수 없다. 그러므로 복소수 상등관계라는 개념을 통해 미정계수를 구할 수 있다.

▷ 물과 기름은 하나가 될 수 없다. 하지만 계면활성제가 둘은 하나로 섞어 비누를 만들어 낸다.

2 평행선의 두 개념에 대하여 내 삶에 일어나는 사례를 들어 설명해 보자.

 ## 생각 나누기

1 아래 글을 읽고, 아름다운 삶의 공동체를 위한 방안을 나누어 보자.

실수의 고민

아버지인 실수(實數)는 고민이 많다. 두 아들인 유리수와 무리수가 너무도 달라서 하루가 멀다 하고 서로 다투기 때문이다. 두 형제가 사이좋게 지낼 수 있는 방법은 무엇일까? 물과 기름 관계인 유리수와 무리수는 수학의 세계는 하나가 될 수 없다. 하지만 과학에서는 하나가 될 방법이 있다. 화학에서는 계면활성제가 물과 기름을 하나로 만들 수 있기 때문이다.

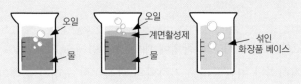

1-1 서로 다름을 인정해야 하는 경우는 언제인가?

1-2 서로 이해하며 살아가야 하는 경우는 어떤 경우인가?

1-3 내 삶에 계면활성제와 같은 것이 있다면 무엇인가?

2 다음 글을 읽고 질문에 답해 보자.

유클리드 기하학과 비유클리드 기하학

평행선은 만나지 않지만, 같은 방향을 바라보기 때문에 아름답다. 하지만, 이것은 우리가 평소 아는 평면 세계의 전제일 뿐이다. 평행 직선도 만날 수 있는 세계가 있다. 바로 비유클리드 기하학의 세계이다.

유클리드 기하학은 5개의 공리로 이루어져 있는데, 그중 5번째를 '평행선 공준'(또는 '평행선 공리')이라고 부른다. 제5공준에 따르면, 밖의 한 점을 지나 그 직선에 평행한 직선은 단 하나만 존재한다. 그런데, 이 평행선 공준이 성립하지 않는다고 가정하더라도 아무런 모순이 없다는 것이 증명되었다. 이로 인해서 비유클리드 기하학이 태어났다.

쌍곡 기하학은 영어로는 hyperbolic geometry라고 하며, 쌍곡면 기하학이라고도 부른다. 쌍곡면의 기하학적 모습이 말안장과 닮았기에 '말안장 기하학'이란 표현도 일부 쓰며, 음의 곡률을 가진다.

쌍곡 기하학에서는 선 밖의 한 점을 지나 그 직선에 평행한 직선이 둘 이상 존재한다. 일반적으로 평행선이 무한히 많이 존재한다고 가정한다. 두 선의 사이를 지나는 직선을 얼마든지 그릴 수 있는데, 이 선들도 모두 평행한 직선이 되기에, 무한히 많은 평행선이 존재하게 되는 것이다. 이렇듯, 비유클리드 기하학인 쌍곡 기하학에서는 평행선이 만날 수 있다.

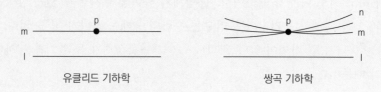

유클리드 기하학　　　　　　　쌍곡 기하학

2-1 평면적 사고와 공간적 사고의 균형에 대하여 설명해 보자.

2-2 유클리드 기하학과 비유클리드 기하학의 관점에서 우리가 취해야 할 자세는 무엇인가?

* 생각 던지기

1-2 $\sqrt{5}$

3 평행선으로 그어야 하므로 두 직선은 구부러지는 점이 없어야 하고, 만나지 않아야 한다.

그러므로 $1+2+3+4+5+6+7+8+9+10+11+12=78$.

따라서, $78÷3=26$ 즉, 각 부분의 합이 26이 되는 숫자들이 한 곳에 모여 있어야 하므로 답은 그림과 같다.

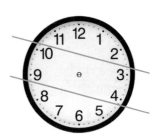

◈ 수학적 해설 (평균의 개념을 이용한 평행선 긋기)

$1+2+3+4+5+6+7+8+9+10+11+12=78 ⇨ 78÷3=26$

$11+12+1+2=26$, $10+9+3+4=26$, $8+7+6+5=26$

◈ 인문학적 접근

– 서로 다른 숫자들로 구성된 유한과 무한의 시간들.

– 평행선을 통해 똑같은 그룹으로 만들어 가는 삶의 공동체.

22

기수법(n진법) - 표현은 다르나 본질은 같다

기수법의 개념과 원리를 통해, 자신만의 문화를 이해하고 각자의 문화에 대하여 이해와 인정의 자세가 필연적임을 발견할 수 있다.

(가) 무인도에 표류한 로빈슨 크루소는 섬에 갇힌 기간이 점점 늘어남에 따라 세야 할 날짜의 수도 그만큼 늘어났다. 매일 하나씩 선을 그어서 날짜를 세는 것은 불편할 뿐 아니라 부정확했다. 결국 로빈슨 크루소는 선을 제대로 긋지 못해 날짜 계산에서 하루가 빠져버렸다는 것을 나중에 알게 되었다. 이 문제를 해결하기 위해 로빈슨 크루소는 어떠한 방법을 사용했을까?

(나) 12진법은 12개의 숫자를 사용하여 12씩 한 묶음으로 하여 1자리씩 올려가는 방법을 뜻한다. 이를 표기하는 데 있어 통일된 표기법은 없지만 주로 0, 1, 2, 3, 4, 5, 6, 7, 8, 9, A, B를 사용한다. 실제로 사용되는 대표적인 예로는 시간이 있다. 시계를 보면 1부터 12까지의 숫자가 표기되어 있는 것을 확인할 수 있다. 또 다른 예로는 달력이 있다. 달력에는 1월부터 12월까지 표기되어 있다. 이외에도 1다스가 12개, 1피트가 12인치에 해당하는 것이 또 다른 예이다.

(다) ⓐ 어느 날, 피보나치는 아버지가 양팔저울과 1g짜리 추 40개를 이용하여 1~40g까지의 물건들의 무게를 하나하나 재는 모습을 보았다. 피보나치는 호기심을 가지고 좀 더 효율적으로 무게를 잴 수 없을까 궁리했다. 생각 끝에 피보나치는 무게가 서로 다른 추 4개와 양팔저울만을 이용해 1~40g까지의 물건들의 무게를 모두 잴 수 있었다.

(라) 다음은 《이상한 나라의 앨리스》 제2장 '눈물 연못'에 나오는 앨리스의 독백이다.

"Let me see: Four times five is twelve, and four times six is thirteen, and four times seven is ⋯ oh dear! Shall never get to twenty at that rate!"

(마) 이제 어디를 가나 아리바바의 참깨
주문 없이도 저절로 열리는 자동문 세상이다
⋯ (중략) ⋯
그때마다 우리의 손은 조금씩 퇴화하여 간다
하늘을 멀뚱멀뚱 쳐다만 봐야 하는 날개 없는 키위새
머지않아 우리들은 두 손을 잃고 말 것이다
정작, 두 손으로 힘겹게 열어야 하는
그, 어떤, 문 앞에서는
키위 키위 울고만 있을 것이다

– 유하, 〈자동문 앞에서〉

 ## 생각 던지기

1 글 (가)의 로빈슨 크루소가 사용했던 방법은 무엇이었을까?

2 다음과 같이 어떤 규칙에 의해 숫자들이 나열되어 있을 때, A00A-1010의 값과 같은 것은?

0	1	A	10	11	1A	A0	A1	AA	⋯

① AAA   ② A0A   ③ AA0   ④ AA1   ⑤ A1A

3 어떤 수 $\dfrac{a_1}{3}+\dfrac{a_2}{3^2}+\dfrac{a_3}{3^3}+\cdots+\dfrac{a_n}{3^n}=0.a_1a_2a_3\cdots a_{n(3)}$ 있다. 수직선 위의 폐구간 $[0,\ 1]$을 삼등분하여 중간의 개구간을 버리고, 남은 각 구간들을 각각 삼등분하여 중간의 개구간들을 버리는 과정을 3회 반복했을 때, 다음 중 남은 구간에 속하는 수는?

① $0.1021_{(3)}$　　② $0.2102_{(3)}$　　③ $0.0122_{(3)}$　　④ $0.2212_{(3)}$　　⑤ $0.2021_{(3)}$

4 우리가 주로 사용하는 수들은 십진법의 수이다. 하지만 세상에는 십진법 외에도 수많은 진법들이 사용되고 있다. 어떤 것들이 있는지 말해 보자.

5 글 (라)에 나오는 앨리스의 곱셈은 영원히 20에 도달하지 못한다고 한다. 그 이유를 설명하여라.

6 글 (마)는 이진법의 원리가 상용화된 컴퓨터의 발달로 인하여 일어날 수 있는 사회현상을 표현한 시다. 4차산업혁명 시대의 특징을 설명하고 그에 따른 우리의 자세를 생각해 보자.

🔍 생각 넓히기

1 글 (다)에서도 기수법의 원리를 찾을 수 있다.

　1-1 글 (다)에서 피보나치가 사용한 4가지 추의 무게는 각각 몇 그램이었을까?

　1-2 글 (다)의 밑줄 친 ⓐ에서 아버지의 모습을 지켜본 피보나치가 호기심을 가지고 접근하는지, 답답한 마음으로 접근하는지에 따른 관점의 차이는 상황을 전혀 다르게 받아들이게 한다. 이에 대하여 자신의 생각을 나누어 보자.

2 글 (라)의 《이상한 나라의 앨리스》에 나온 내용은 우리가 흔히 알고 있던 방식에 따르면 틀린 수식이지만, 관점을 바꾸어 생각하면 수학적으로도 옳은 설명이다. 나는 평소에 어떤 관점으로 사람을 평가하는지 생각해 보자.

3 겉보기에는 틀려 보여도 수단이나 방법을 달리 선택한다면 실제로는 옳을 수 있다. 이러한 관점에서 볼 때, 아내에게 비속어를 쓰는 소설 〈운수 좋은 날〉의 주인공 '김첨지'의 진심은 무엇이었을까? 우리의 삶에서 이와 비슷한 사례를 들어 설명해 보자.

⇨ 요즘 학생들이 흔히 쓰는 말 중에 '츤데레'라는 단어가 있다. '츤데레'란 겉으로는 싫어하는 티를 내면서도 상대방이 모르게 도움을 주는 '우렁각시' 같은 존재를 가리킨다.

 생각 나누기

1 다음 표 A~E는 기수법의 원리에 의해 작성된 것이다.

A			
1	3	5	7
9	11	13	15
17	19	21	23
25	27	29	31

B			
2	3	6	7
10	11	14	15
18	19	22	23
26	27	30	31

C			
4	5	6	7
12	13	14	15
20	21	22	23
28	29	30	31

D			
8	9	10	11
12	13	14	15
24	25	26	27
28	29	30	31

E			
16	17	18	19
20	21	22	23
24	25	26	27
28	29	30	31

기억된숫자
?

게임 방법

1) 출제자가 마음속으로 표의 숫자 중 하나를 생각한다.
2) 그 숫자가 적힌 카드가 어디에 있는지 말한다.
3) 다른 사람들은 출제자가 생각한 숫자를 맞춘다.

1-1 이 게임의 방법과 원리를 생각해 보자.

1-2 3진법의 원리로 게임표를 만들어 보자.

2 세상에는 수많은 진법들이 있다. 그 원리를 이해를 할 수 없다면 어떻게 될까? 다음 글을 읽고 물음에 답하여라.

> 발로 차도 그 보람이 없는 걸 보자, 남편은 아내의 머리맡으로 달겨 들어, 그야말로 까치집 같은 환자의 머리를 꺼들어 흔들며,
>
> "이년아, 말을 해, 말을! 입이 붙었어, 이 오라질 년!" "……"
>
> "으응, 이것 봐, 아모 말이 없네." "……"
>
> "이년아, 죽었단 말이냐, 왜 말이 없어?" "……" "으응, 또 대답이 없네. 정말 죽었나 버이."
>
> 이러다가, 누운 이의 흰 창이 검은 창을 덮은, 위로 치뜬 눈을 알아보자마자,
>
> "이 눈깔! 이 눈깔! 왜 나를 바루 보지 못하고 천정만 보느냐, 응?"
>
> 하는 말끝엔 목이 메이었다. 그러자, 산 사람의 눈에서 떨어진 닭의 똥 같은 눈물이 죽은 이의 뻣뻣한 얼굴을 어룽어룽 적시었다. 문득 김 첨지는 미친 듯이 제 얼굴을 죽은 이의 얼굴에 한데 부벼대며 중얼거렸다.
>
> "설렁탕을 사다 놓았는데 왜 먹지를 못하니, 왜 먹지를 못하니… 괴상하게도 오늘은 운수가 좋더니만…"
>
> – 현진건, 〈운수 좋은 날〉

주인공인 '김 첨지'는 자신의 아내에게 욕을 하지만 속으로는 아내를 사랑하는 마음을 지니고 있다. 이러한 점을 n진법과 연결시킨다면 김 첨지의 겉모습은 매우 거칠어 보이지만 본질은 아내를 사랑하는 마음으로 가득 차 있는 것을 알 수 있다. 김 첨지의 진심을 알기 위해서는 몇 진법으로 접근해야 하는가?

문제 풀이

* **생각 던지기**

1 로빈슨 크루소는 12진법을 사용했다. 하루가 지날 때마다 막대에 선을 하나씩 그리고, 일곱 번째 눈금은 모양을 조금 달리했다. 그리고 매월 첫째 날은 일주일을 뜻하는 선보다 두 배 길게 눈금을 그었다. 이처럼 로빈슨 크루소는 현재 사용되고 있는 12진법 달력을 만들어서 사용함으로써 날짜 계산에서 오류를 범할 확률을 줄일 수 있었다.

2-1 A에서 자릿수가 올라가고 있으므로 제시문은 3진수로 나열된 수들이다.

따라서, 0, 1, 2, 3, 4, 5, 6, 7, 8, …이 되고, $A=2$이다.

$A00A_{(3)} - 1010_{(3)} = (A \times 3^3 + A \times 3^0) - (1 \times 3^3 + 1 \times 3) = 56 - 30 = 26$

따라서, $26 = 2 \times 3^2 + 2 \times 3 + 2 \times 3^0$이므로 $AAA_{(3)}$이다.

4 루이스 캐럴이 쓴 《이상한 나라의 앨리스》 제2장 '눈물 연못'에 나오는 앨리스의 독백에는 "4 곱하기 5는 12이고, 4 곱하기 6은 13, 그리고 4 곱하기 7은… 안 돼! 이런 식으로 가면 20까지는 절대 도달하지 못할 거야!"라는 대목이 나온다. 얼핏 보면 말도 안 되는 숫자들의 배열 같지만 이것은 10진법으로 나타난 20, 24, 28 등의 숫자를 각 18, 21, 24진법 등으로 서술한 것이다. 일견에는 4와 13을 곱한 52라는 값을 42진법으로 나타내, 42+10이라 생각해 20이라 생각할 지도 모르지만 20이 되려면 42+42와 같은 형식의 더하기가 필요하다.

* **생각 넓히기**

1-1 $1=1, 2=3-1, 3=3, 4=1+3, 5=9-3-1, 6=9-3, 7=9+1-3$

그러므로 1, 3, 9, 27g의 추가 필요하다.

1-1 각 표에 있는 숫자의 1행 1열의 숫자들을 합하면 생각하고 있는 숫자가 된다. 이진법의 원리로 만들어진 표이기 때문이다.

1-2 아래 표는 3진법의 원리로 만들어진 표이다.

1	4	7	10	13	16	19
22	25	28	31	34	37	40
43	46	49	52	55	58	61
64	67	70	73	76	79	A

2	5	8	11	14	17	20
23	26	29	32	35	38	41
44	47	48	53	56	59	62
65	68	71	74	77	80	B

3	4	5	12	13	14	21
22	23	30	31	32	39	40
41	48	49	50	57	58	59
66	67	68	75	76	77	C

6	7	8	15	16	17	24
25	26	33	34	35	42	43
44	51	52	53	60	61	62
69	70	71	78	79	80	D

9	10	11	12	13	14	15
16	17	36	37	38	39	40
41	42	43	44	63	64	65
66	67	68	69	70	71	E

18	19	20	21	22	23	24
25	26	45	46	47	48	49
50	51	52	53	72	73	74
75	76	77	78	79	80	F

27	28	29	30	31	32	33
34	35	36	37	38	39	40
41	42	43	44	45	46	47
48	49	50	51	52	53	G

54	55	56	57	58	59	60
61	62	63	64	65	66	67
68	69	70	71	72	73	74
75	76	77	78	79	80	H

3진법의 원리로 표를 만드는 방법은 다음과 같다.

1에서 80까지의 수를 삼진법으로 나타낸다. 이때, $1(=3^0)$의 자리가 1이면, 그 숫자를 1번 카드에 적고, 2이면 2번 카드에 적고, 0이면 적지 않는다. 또 삼진법으로 나타낸 수의 $3(=3^1)$의 자리가 1이면 그 숫자를 3번 카드에 적고, 2이면 4번 카드에 적고, 0이면 적지 않는다. 이런 식으로 $54(=3^3 \times 2)$의 자리까지 계속한다.

예를 들어, 48을 삼진법으로 나타내면 $48=3^3 \times 1+3^2 \times 2+3 \times 1=1210_{(3)}$이므로 48은 3번, 6번, 7번 카드에 들어 있다. 그리고 3번 카드의 첫 번째 수인 3, 6번 카드의 첫 번째 수인 18, 7번 카드의 첫 번째 수인 27을 더하면 48이 된다.

23

연산 – 제대로, 멋대로!

연산의 개념과 원리를 통해, 인생을 제멋대로 살아가는 삶의 균형을 발견할 수 있다.

(가) 연산에는 사칙연산과 이항연산이 있다. 사칙연산이란 덧셈·뺄셈·곱셈·나눗셈의 계산법이다. 이에 대하여 이항연산은 집합 S에 정의된 연산 $\odot$가 S의 임의의 두 원소 a, b에 대하여 $a \odot b \in S$를 만족할 때, 집합 S의 어떤 원소 e가 모든 $x \in S$에 대하여 $x \odot e = e \odot x = x$를 만족할 때, 원소 e를 집합 S의 연산 $\odot$에 대한 항등원이라고 하고, 어떤 x에 대하여 $x \odot y = y \odot x = e$를 만족할 때, 원소 x, y는 서로 역원관계가 된다.

(나) 다음은 어떤 집단의 문화를 나타낸 것이다.

2+7=9	6+8=2	5+7=0
8−4=4	5−9=8	9−9=0

(다) '악법도 법이다'라는 소크라테스의 말은 독재자들이 자주 인용한 말이다. 독재자들은 피지배자들의 상상력과 반발심을 억제하기 위한 말로 이를 인용했는데, 소크라테스는 당시 법적 안정성을 위해 뱉은 말이었다.

(라) 고구려 대무신왕에게는 아들 호동 왕자가 있었다. 그는 늠름하고 용감하며 사냥을 좋아했다. 어느 날 호동은 사냥에 정신이 팔려 고구려 국경을 넘어 옥저 땅으로 들어갔는데, 그곳에서 낙랑 공주를 만나 사랑에 빠졌다. 호동 왕자는 아버지의 허락을 받으면 부르겠다는 약속을 남기고 낙랑국을 떠나 고구려로 돌아왔다. 대무신왕은 예전부터 낙랑국을 탐내어 여러 차례 공격을 했지만, 그때마다 패하고 말았다. 그 이유는 적의 침입을 알리는 자명고(自鳴鼓)라는 낙랑의 신비한 북 때문이었다. 왕은 왕자에게 낙랑국의 자명고 이야기를 하고, 공주가 자명고를 없애면 혼인을 허락하겠다고 말했다. 호동의 편지를 받은 공주는 갈등했다. 북을 찢으면 아버지에게 불효이고, 찢지 않으면 호동을 만날 수 없기 때문이다. 결국 공주는 사랑을 택하여 자명고를 찢고 이 사실을 호동에게 알렸다. 공주가 자명고를 찢었음을 알게 된 낙랑국의 왕은 딸의 가슴을 찢어 죽였다.

(마) 하나에 하나를 더하면 하나가 되는 세상을 꿈꾸는 이가 있습니다.
물방울이 말을 합니다. 나로서는 살 수 없어 우리가 되었다고

하나에 하나를 더하면 둘이 되는 세상에 집을 짓는 이가 있습니다.
거리의 신호등이 말합니다. 우리들의 도시에 통제가 필요하다고

하나에 하나를 더하면 셋이 되는 세상에 자신을 내어 놓는 이가 있습니다.
너와 내가 만나서 사랑을 낳고 서로의 허물을 덮어가야 한다고

하나에 하나를 더하면 눈물을 훔치며 수줍어하는 이가 있습니다.
당신 앞에 나는 한없이 작아지며 믿음 소망 사랑으로 자라야 한다고
- 박성은, 〈하나에 하나를 더하면〉

생각 던지기

1 글 (가)에서 연산을 약속이라고 정의한다면 사칙연산과 이항연산으로 알 수 있는 인문학적 의미는 무엇인가?

2 글 (나)는 어떤 문화를 나타내고 있는가?

3 글 (다)의 소크라테스 일화나 글 (라)의 낙랑 공주 이야기에서 누구나 따라야 하는 규칙은 무엇인지 글 (가)에서 찾고, 그 이유를 설명하여라.

4 글 (나)~(마)를 중심으로 글 (가)의 개념을 설명하여라.

 생각 넓히기

1 나는 제대로 살 것인가, 아니면 멋대로 살 것인가? 자신의 생각을 말해 보자.

2 멋대로 살고 싶은 것이 인간의 본성이라면 인간답게 살고 싶은 것은 제대로 사는 것이라 할 수 있다. 내가 꿈꾸는 삶은 무엇인지 말해 보자.

3 '악법도 법이다'라는 말에 대한 나의 생각을 말해 보자.

4 글 (마)에서 찾을 수 있는 수학적 요소와 인문학적 요소를 제시하고, 하나에 하나를 더하면 무엇인지 자신의 생각을 소개해 보자.

💬 생각 나누기

1 《탈무드》에는 자기조절에 대한 격언이 있다. 이를 근거로 제대로, 그리고 멋대로 삶을 살아가기 위한 방안을 나누어 보자.

> 올바른 사람은 자기의 욕망을 조정하지만 올바르지 못한 사람은 욕망에 의해 조종당한다. 인간에게는 여섯 개의 쓸모 있는 부분이 있다. 그중에 자신의 힘으로 조종할 수 없는 것은 눈, 코, 귀이고, 자신의 힘으로 조종할 수 있는 것은 입, 손, 발이다.

2 글 (나)는 어떤 집단의 문화를 나타내는 것이다. 물음에 답하여라.

> $$2+7=9 \qquad 6+8=2 \qquad 5+7=0$$
> $$8-4=4 \qquad 5-9=8 \qquad 9-9=0$$

2-1 이 집단의 구성원(원소)을 구하여라.

2-2 항등원은 무엇인가?

2-3 5와 7은 어떤 관계인가?

2-4 2-7의 값을 구하여라.

2-5 서로 다른 문화에 대한 이해와 접근이라는 관점에서 우리는 어떤 집단에 속해있으며, 또한 어떤 집단에 관심을 가지고 있는가?

3 다음 글은 헤겔의 변증법을 설명한 것이다. 이를 근거로 사칙연산과 이항연산의 상관관계를 설명하여라.

> 헤겔은 변증법이란 인식뿐만 아니라 존재에 관한 논리라고 생각했다. 헤겔은 인식이나 사물은 정(正)·반(反)·합(合)의 3단계를 거쳐서 전개된다고 생각하였으며 이 3단계적 전개를 변증법이라고 했다. 정(正)의 단계란 그 자신 속에 모순을 포함하고 있음에도 불구하고 그 모순을 알아채지 못하고 있는 단계이며, 반(反)의 단계란 그 모순이 자각되어 밖으로 드러나는 단계이다. 이와 같이 모순에 부딪침으로써 제3의 합(合)의 단계로 전개해 나간다는 것이다.

다음 글을 읽고 물음에 답하여라.

(가) 액체와 기체를 가열하면 가열된 물질은 가벼워져 위로 올라가고 차가운 물질은 아래로 내려오면서 전체 온도가 올라가게 되는 현상을 대류라고 한다. 햇빛이 비치는 낮에는 육지가 바다보다 먼저 데워진다. 그러면 육지 바로 위의 공기도 데워져 위로 올라가고, 이 빈 자리를 육지보다 덜 데워진 바다 위의 공기가 채우게 된다. 이렇게 대류에 의해 공기가 크게 움직이게 되면 바닷가에서는 낮에는 해풍이 밤에는 육풍이 분다. 이와 같은 해풍, 육풍 등은 대기의 대류에 의해 나타나는 기상 현상이다.

(나) 유전이라는 현상이 염색체에 있는 DNA에 의해 지배된다는 사실이 알려지면서 생물학은 엄청나게 발전하였다. 현재는 DNA를 복제하여 동일한 생물 개체를 만들어 낼 수 있다는 사실이 널리 받아들여지고 있다. 이와 관련된 분야를 연구하는 학문이 유전학이며 유전학은 멘델 이후 발전에 발전을 거듭하였다. 동물이나 식물의 유전원리를 파악함에 따라 보다 과학적인 육종이나 품종 개량을 할 수 있게 되었고 의학 분야에서도 유전에 대한 깊은 이해 덕분에 여러 가지 유전병의 원인을 알아낼 수 있게 되었다.

(다) 가을에는 사랑하게 하소서
오직 한 사람을 택하게 하소서
가장 아름다운 열매를 위하여 이 비옥한
시간을 가꾸게 하소서

가을에는 홀로 있게 하소서
나의 영혼 굽이치는 바다와
백합의 골짜기를 지나
마른 나뭇가지 위에 다다른 까마귀같이

- 김현승, 〈가을의 기도〉

(라) 집합 S를 실수 집합 R의 부분집합이라고 하자. 집합 S에 정의된 연산 ∘가 S의 임의의 두 원소 a와 b에 대하여 $a∘b∈S$를 만족한다고 하자.

집합 S의 어떤 원소 e가 모든 $x∈S$에 대하여 $x∘e=e∘x=x$를 만족할 때, 원소 e를 집합 S의 연산 ∘에 대한 항등원이라고 한다.

만약 e와 e'가 집합 S의 항등원이라고 하면, 항등원의 정의에 의해서 $e=e∘e'=e'$가 되므로 e와 e'는 같은 원소가 된다. 따라서 집합 S에는 서로 다른 두 개의 항등원이 존재할 수 없다. 예를 들어 $S=R$이고 $a∘b=ab+a+b$라고 하면 0은 집합 S에 존재하는 연산 ∘에 대한 유일한 항등원이 된다.

(2015 고려대 수시전형 평가문항)

1 제시문 (가)와 (나)를 공통으로 설명할 수 있는 하나의 단어를 찾아내고 이와 유사한 자연현상이나 법칙들을 설명하여라.

2 제시문 (다)와 (라)를 읽고서 두 제시문과 상반되는 하나의 단어를 찾아내고, 이 단어와 과학적 개념 세 개를 연관시켜 각각 설명하여라.

3 1번 문제와 2번 문제에서 찾아낸 두 단어를 주제로 삼아 '삶의 의미'에 관해 자유롭게 이야기해 보자.

4 지원자가 속한 집단 내 구성원들 사이의 연산을 정의해 보고 집단의 일원으로서 지원자의 역할에 대해서 말해 보자.

* 생각 나누기

2 글 (나)는 '시계'를 나타내는 것이다.

2-1 $\{1, 2, 3, 4, 5, 6, 7, 8, 9, 10, 11, 12\}$

2-2 12

2-3 $5+7=12$이므로 서로 역원관계이다.

2-4 $2-7=14-7=7$

위상수학 – 설명할 수 있는 것과 설명할 수 없는 것

한붓그리기의 개념과 성질을 통해 유한의 인생에 대하여 삶의 지혜가 필요함을 발견할 수 있다. 한붓그리기가 가능한 뫼비우스 띠는 수학적 개념으로 안과 밖의 구분이 없는 특징이 있다. 이를 통해 이중적 인격을 가진 인간의 속성을 극복할 수 있는 방법을 발견할 수 있다.

(가) 한붓그리기는 선으로 연결된 도형을 어느 한 꼭짓점에서 출발하여 왔던 길을 되돌아가지 않고, 펜을 떼지 않고 단숨에 그리는 활동이다.

(나) 18세기 쾨니히스베르크의 시민들에게 다음과 같은 문제가 화제가 되었다. 쾨니히스베르크에는 그림처럼 두 개의 섬과 도심을 7개의 다리가 이어 주고 있었는데, 사람들은 같은 다리를 두 번 건너지 않고 한 번에 이 다리들을 모두 건널 수 있는지 궁금해 했다. 아무도 명확한 대답을 내놓지 못하자 사람들은 오일러에게 이 문제의 풀이를 부탁했다.

(다) 뫼비우스의 띠(mobius strip)는 경계가 하나밖에 없는 2차원 도형이다. 즉, 안과 밖의 구별이 없다. 그렇다면 그림에서 개미는 어느 쪽 띠로 걷고 있는가? 경계는 세워지는 순간에 위반되고 위반되는 순간에 재설정되는 끊임없는 진행형의 과정이다. 건강도 마찬가지이다. 진화 과정상 일시적인 적응 상태에 불과한 것이기 때문에 정상과 비정상이라는 경계가 세워지는 구분점이 될 수는 없다.

(라) 표리여일(表裏如一)은 겉과 속이 같다는 뜻(conjugate)이다.

1 글 (가)와 (나)에 대하여 다음과 그림을 가지고 설명하고자 한다.

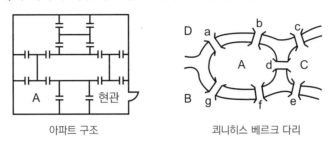

아파트 구조   쾨니히스 베르크 다리

1-1 그림은 새로 분양하는 아파트 구조이다. 방A에서 출발하여 모든 문을 한 번씩만 거쳐 현관으로 가는 것이 가능한가?

1-2 쾨니히스베르크 다리들을 정확히 한 번씩만 지나 모든 다리를 건너 갈 수 있을까?

2 사람들이 한붓그리기가 가능한지에 대해 논쟁을 벌이고 있다면, 어떻게 해결하겠는가?

2-1 논쟁을 벌이는 사람들의 문제를 해결하는 오일러의 모습을 통해 얻을 수 있는 교훈은 무엇인가?

2-2 우리의 삶에서 한붓그리기의 원리를 이용한 삶을 살아가야 하는 이유는 무엇인가?

3 글 (다)와 같이 속과 겉이 구분되지 않는 경우를 글 (라)의 표리여일(表裏如一)이라 한다. 우리의 삶에는 어떠한 것들이 있는가?

1 세상을 살다보면 우리는 수많은 것들에 관심을 가지게 된다. 그렇다면 나는 무엇에 관심을 가지고 살아가고 있는가?

2 오일러는 당시 많은 사람들로부터 존경을 받은 인물이다. 그는 사람들의 기대에 어떻게 부응하였는가?

3 사람들은 나에게 어떤 기대를 하고 있는가? 나는 어떻게 그들의 기대에 부응하고 있는가?

 생각 나누기

1 세상에는 서로 다른 두 종류의 사람이 있다. 하나는 가능하다는 믿음을 가지고 성장하는 사람이고, 다른 하나는 불가능한 이유를 깨달으며 성장하는 사람이다. 스스로는 어떤 사람에 해당하는지 생각해 보고, 믿음과 깨달음이 어떻게 작용하고 있는지 사례를 들어 말해 보자.

　1-1 믿음을 주는 사람과 깨달음을 주는 조력자가 있어야 성장할 수 있다고 할 때, 자신에게 도움이 되었던 조력자는 누구이며, 그 조력자가 자신에게 어떻게 도움을 주었는지 나누어 보자.

2 인간은 이중인격을 가진 동물이라고 한다. 글 (다)와 (라)에서는 한붓그리기가 가능한 수학적 개념으로 안과 밖의 구분이 없다는 특징을 설명하고 있다. 이와 연관지어 인간의 이중인격을 극복할 방법을 나누어 보자.

다음 글을 읽고 물음에 답하여라.

옛날 프로이센의 수도였던 쾨니히스베르크에는 시가지 한복판으로 프레겔 강이 흐르고 있었는데, 〈그림 1〉처럼 이 강에는 2개의 성이 있고, 7개의 다리가 놓여 있었다. 어느 날 한 시민이 "이 모든 다리를 걸어서 빠짐없이 단 한 번씩만 건널 수는 없을까?"라는 문제를 내걸었는데, 시간이 지나도 아무도 해결하지 못했다.

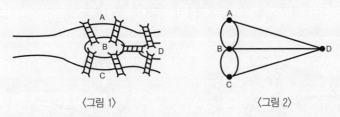

〈그림 1〉   〈그림 2〉

그래서 사람들은 이 문제를 수학자인 오일러에게 문의했다. 오일러는 프레겔 강으로 분할되는 쾨니히스베르크의 네 지역을 〈그림 2〉처럼 A, B, C, D라는 네 점으로 생각하고, 이 네 지역을 연결하는 다리를 점 A, B, C, D를 연결하는 선으로 생각했다. 그러면 이것은 어떤 도형이 있을 때, 이 도형의 한 점으로부터 출발하여 선을 따라서 진행하되, 도중에 건너뛰거나 지나간 선을 다시 지나는 일 없이 모든 선을 꼭 한 번씩만 지나서 도형을 완성하는 한붓그리기 문제로 바뀌게 된다.

선형 도형에서 어떤 점에 모인 선의 수가 짝수일 때, 그 점을 짝수점, 홀수일 때는 홀수점이라 한다. 오일러는 연구를 통해 홀수점의 개수가 0개일 때는 곡선상의 어느 짝수점에서 출발해도 같은 점(출발점)에서 한붓그리기가 끝나며, 홀수점의 개수가 2개일 때는 한 홀수점에서 출발하여 다른 홀수점에서 한붓그리기가 끝나게 된다는 것을 증명했다. 즉 홀수점이 아예 없거나 홀수점이 2개일 때만 한붓그리기가 가능하다는 것을 밝혀냈는데 이를 오일러의 정리라 한다. 〈그림 2〉의 경우 A, B, C, D가 모두 홀수점이므로 결국 쾨니히스베르크의 모든 다리를 걸어서 빠짐없이 단 한 번씩만 건널 수는 없다는 답이 나온다.

(2016 EBS 수능특강 국어영역 독서 기출문항)

1 윗글에 대한 설명으로 적절하지 않은 것은?

① 한붓그리기의 개념과 성립 조건을 밝히고 있다.

② 위상수학이 적용되는 실생활의 분야를 제시하고 있다.

③ 오일러의 정리에 대한 인식의 변화 관점을 서술하고 있다.

④ 구체적인 사례를 통해 위상수학의 주요 개념을 설명하고 있다.

⑤ 오일러의 정리가 위상수학의 발전에 미친 영향을 소개하고 있다.

2 윗글을 참고하여 [보기]의 (나)를 이해한 내용으로 가장 적절한 것은?

> **보기**
>
> 선생님: (가)는 쾨니히스베르크의 프레겔 강 위에 새로운 다리 하나를 더 만든 것을 그림으로 그린 것이고, (나)는 (가)를 선형 도형으로 바꾼 것이다.
>
>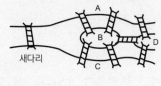
>
> (가)　　　　　　　　　　　(나)

① 짝수점의 개수에 비해 홀수점의 개수가 더 많으므로 한붓그리기를 할 수 있겠군.

② 실제의 지리적 위치나 거리를 무시했으므로 한붓그리기를 할 수 없겠군.

③ A, B, C, D 어느 점에서 출발해도 출발점에서 한붓그리기가 끝나겠군.

④ 점의 총 개수에 변화가 없기 때문에 한붓그리기를 할 수 없겠군.

⑤ 홀수점이 2개가 되기 때문에 한붓그리기를 할 수 있겠군.

* 생각 던지기

1-1 아파트 내부의 각 공간을 꼭짓점으로 하고 문으로 연결된 공간을 변으로 연결하면 홀수점이 A와 현관뿐이므로 가능하다.

1-2 쾨니히베르크 다리 문제에서는 다리를 건널 수 없는 이유를 논리적으로 설명하여 주민들을 '설득'하는 태도를 보여야 한다.

예컨대, 위의 상황을 도식화하여 나타 내면 그림과 같다. 교차하는 선이 짝수 개인 짝수점만으로 이루어진 도형은 출입이 자유롭기 때문에 모두 한붓그리기가 가능하다. 실제로 짝수점만으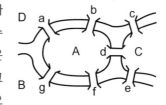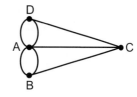
로 구성된 도형을 그리려면 출발점이자 도착점이 되는 점을 중심으로 계속 나갔다 들어오는 도형밖에 그려지지 않는다.

하지만 쾨니히베르크 다리의 문제를 점과 선의 문제로 간단히 바꾸면, 한붓그리기가 불가능함이 밝혀 진다. 그림에서 4개의 점 모두가 홀수 개의 선이 만나는 홀수점이기 때문이다.

다섯 번째 생각여행

낙숫물이 댓돌보다
강한 이유

25 미분법활용(속도) - 무서운 것은 총알이 아니라 속도

미분의 개념과 원리를 통해서 인생그래프를 해석하고, 연속된 삶의 의미를 발견할 수 있다.

(가) 수직선 위를 움직이는 점 P의 시각 t에서의 위치 x가 $x=f(t)$일 때, 시각 t에서의 속도 v는 $v = \lim\limits_{\Delta t \to 0} \dfrac{\Delta x}{\Delta t} = \dfrac{dx}{dt} = f'(t)$ 이다.

(나) 지상 30m의 높이에서 매초 25m의 속도로 위를 향해 똑바로 던진 돌의 t초 후 지상으로부터의 높이를 h(m)라고 하면 $h=30+25t-5t^2$이라고 한다. 다음 물음에 답하여라.

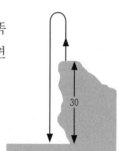

1) 던진 지 2초 후, 3초 후의 속도를 구하여라.

2) 이 돌이 땅에 떨어질 때의 속도를 구하여라.

3) 이 돌이 최고 높이에 도달할 때의 높이를 구하여라.

(다) 선 줄로 생각하는 자는 넘어질까 조심하라.　　　　　　－〈고린도전서〉 10:12

　　내려올 때 보았네, 올라갈 때 보지 못한 그 꽃　　　　　　－고은, 〈그 꽃〉

(라) 어떤 유명한 교수가 S그룹의 임원들을 대상으로 '노블리스 오블리제'에 대한 강의를 하고 있었다. 교수는 임원들에게 여러분은 다른 사람들보다 도덕적·사회적으로 책임을 더 가져야 한다고 역설했다. 그때, 한 사람이 다음과 같은 질문을 던졌다. "교수님의 한 시간 강의에 대한 강의료가 너무 많은 것은 아닌지요. 노동자들의 한 달 월급인데, 어떻게 생각하시나요?"

(마) 미국의 심장 전문의사인 로버트 엘리어트(Robert S. Eliet)는 '피할 수 없으면 즐기라'고 한다. 총알을 맞아도 몸에 상처가 나지 않고, 오히려 그 상황을 즐길 수 있는 방법을 아는가?

생각 던지기

1 글 (나)의 문제를 풀어라.

2 글 (나)에서 제시된 문제에서 이끌어낼 수 있는 인문학적 의미를 나누어 보자.

  2-1 $v(2)=5$, $v(3)=-5$에는 어떤 상황(狀況)과 어떤 의미(意味)가 있는가?

    ⇨ 땅에 떨어져 버렸다면, 그것은 상황이 이미 종료된 것이다.

    ⇨ 정상의 자리는 속도가 0(zero)이다. 내려놓음이 필요하다.

3 글 (마)에서처럼 인생을 살다보면 날아오는 총알을 피할 수 없는 경우도 생긴다고 가정해 보자. 이때 상처도 나지 않으면서 그 상황을 즐기며 살아갈 수 있는 방법을 글 (나)를 근거로 나누어 보자.

4 글 (나)에서 제시된 수학 문제의 개념과 원리를 인문학적인 관점에서 글 (다)와 (라)를 근거로 설명하여라.

생각 넓히기

1 다음은 글 (나)에서 제시된 문항과 관련된 우리 삶 속의 다양한 상황들이다. 이와 같은 상황에서 나는 어떻게 행동할 것인가?

  1-1 $v(2)=5$, $v(3)=-5$에는 어떤 상황과 의미가 있는가? 제시된 사례를 중심으로 설명하여라.

> - 물리적 아픔의 크기는 같지만 심리적 아픔의 크기가 다르다.
> - 눈에 보이는 것이 전부가 아니다.
> - 친구와 다툼이 생겨 사이가 안 좋아졌다. 얼마 후 친구 A가 먼저 잘못했다고 사과하며 손을 내밀었을 때 친구 B가 보일 수 있는 반응은 두 가지이다.
> - 누군가 나를 미워하고 있다면 그 사람은 불쌍한 사람이다.
> - 같은 의미의 말이라도 직설적인가, 간접적인가에 따라 전혀 다르게 다가온다.

1-2 땅에 떨어져 버렸다면, 그것은 상황이 이미 종료된 것이다. 스티븐 코비의 90대 10 법칙에 의하면, 인생의 10%는 당신에게 일어나는 사건들로 결정되고, 나머지 90%는 당신이 거기에 어떻게 반응하느냐에 따라 결정된다고 한다. 그렇다면 나는 어떻게 행동하겠는가?

1-3 정상의 자리는 자신의 모든 것을 내려놓은 상태이다. 즉 속도가 0인 상태를 의미한다.

　1-3-1 그 위치에서 무엇인가를 더 움켜쥐려고 애쓴다는 것은 무엇을 의미하는가?

　⇨ 아직 정상에 오르지 않았다는 증거이다.

　1-3-2 정상의 자리에 선 사람은 그 위치에서 어떻게 해야 할까?

　⇨ 내려올 준비를 해야 한다.

 생각 나누기

1 '총알이 무서운 것이 아니라 속도가 무섭다', '속도가 아니라 방향이다'라는 표현과 관련하여 4차산업 시대를 살아가야 하는 우리 삶의 자세를 나누어 보자.

2 똑같은 말이라도 전혀 다르게 느껴지는 경우에 대해 토론해 보자.

⇨ 선생님께서 직접 나를 칭찬하신 것과 주변 사람들에게 나를 칭찬했다는 이야기를 전해 들었을 때, 어느 쪽이 더 기분 좋을까? 반면, 나의 잘못을 직설적으로 책망하시는 것과 주변 사람들에게 험담을 해서 그 말이 내게 들려왔을 때, 어느 쪽이 더 불쾌할까?

＊ 생각 던지기

1

1) $h=30+25t-5t^2$, $v(t)=\dfrac{dh}{dt}=25-10t$

$v(2)=5(m/s)$, $v(3)=-5(m/s)$

2) 땅에 떨어질 때는 $h=0$이므로 $30+25t-5t^2=0$ $\qquad \therefore t=-1, 6$

$t>0$이므로 $v(6)=-35(m/s)$

3) 최고높이에 도달할 때는 $v(t)=0$ $\qquad \therefore t=2.5$

$h(2.5)=61.25m$

＊ 생각 넓히기

1-1

• 물리적 아픔의 크기와 심리적 아픔의 크기는 다르다. 예를 들어, 칼을 든 괴한이 내 앞에서 위협하는 경우와 뒤에서 나를 공격하는 경우가 있다고 해 보자. 두 가지 상황에서 내가 두려움을 느끼는 정도와 체감하는 시간은 엄청나게 다르다. 전자의 경우에는 위협만 당할 뿐 신체에는 아직 아무런 일이 일어나지 않았음에도 그 공포심은 말도 못하게 크다. 그러나 뒤에서 나도 모르게 공격을 당한다면 순간적으로 신체에는 큰 아픔을 느끼겠지만, 일이 일어나기 전 두려움에 떠는 심리적인 공포는 거의 없을 것이다.

• 눈에 보이는 것이 전부가 아니다. 물 위에 떠 있는 청둥오리는 겉으로 보기엔 한가로이 노니는 것 같지만, 물속을 살펴보면 계속 떠 있기 위해 쉼 없이 발을 휘젓고 있다. 글 (다)의 강사도 이렇게 답할 수 있을 것이다. "세계적인 그룹의 리더인 여러분 앞에서 한 시간의 강의를 하기 위해 얼마나 많은 자료들을 준비하고 고민해야 하는지 여러분은 모르실 것입니다. 눈에 보이는 것은 단 한 시간의 강의지만, 이를 준비하기 위해 물속에서는 쉴 새 없이 발을 움직이고 있다는 것이지요."

• 친구 A와 B가 다투고 얼마 후 친구 A가 사과하며 먼저 손을 내밀었을 때, B가 선택할 수 있는 반응은 두 가지이다. 그 친구의 손을 맞잡아 주는 것과 친구의 손을 외면하는 것이다. B가 바로 손을 잡아준다면 좋겠지만 아직 화가 풀리지 않아 거절한다면 A는 어떻게 해야 할까? '내가 먼저 사과를 했는데'라고 억울하게 생각하며 다시 다그칠 것인가? 그것은 아니다. A는 B의 입장을 헤아려야 한다. A는 자신의 행동을 충분히 돌아보고 잘못한 부분에 대해 사과할 수 있을 만큼 마음의 준비를 마친 상태에서 B에게 이야기한 것이지만, B 입장에서는 아직 A를 받아들일 만큼 마음의 준비가 되지 않았을 수 있다. 그러므로 A는 B의 입장을 좀 더 이해해 줄 수 있어야 한다.

비 온 후 땅이 굳어진다는 말처럼, 더 훌륭한 인격으로 성장 및 성숙해지려면 상대의 반응에 자신의 정돈된 마음이 흐트러지도록 해선 안 된다. 그것은 자신만 손해다. 성경의 <잠언> 4:23은 '무릇 지킬만한 것보다 네 마음을 지키라 생명이 이에서 남이니라'고 한다. 그러므로 자신을 보호하고 사랑하기 위해서는 상대의 반응에 예민하게 휘둘리는 것이 아니라 상대도 받아들일 준비가 될 때까지 기다려 주어야 한다. 그것이 서로에게 가장 좋은 방법이 될 것이다.

• 누군가 나를 미워하고 있다면 그 사람은 불쌍한 사람이다. 다른 사람 때문에 자신의 평온한 마음을 잃어버린 시간이 너무 길었기 때문이다. 한편, 누군가 나를 짝사랑하고 있다면 그 사람은 나보다 더 행복한 사람이다. 그동안 좋아하는 사람 덕분에 삶에 행복한 에너지가 있었기 때문이다.

• 같은 내용의 말이라도 전혀 다른 의미로 다가올 수 있다. 선생님께서 직접 나를 칭찬하신 것과 주변 사람들에게 나를 칭찬했다는 이야기를 전해 들었을 때, 어느 쪽이 더 기분 좋을까? 반면, 나의 잘못을 직설적으로 책망하시는 것과 주변 사람들에게 험담을 해서 그 말이 내게 들려왔을 때, 어느 쪽이 더 불쾌할까?

1-2 상황이 종료된 상태인데도 그 사건에 대한 두려움으로 삶이 계속된다면 어떻게 하겠는가? 이제는 벌어진 상황을 받아들이고 추슬러서 다시 일어서야 한다.

26

미분법활용(속도) – 쉼이 있는 곳에서 새 역사가 시작된다

함수의 극대와 극소의 개념과 원리를 통해, 삶의 의미와 쉼의 필요성을 발견할 수 있다.

(가) x축 위를 움직이는 점 P의 시각 t(단, $t \geq 0$)에서의 속도 $v = f(t)$의 그래프가 그림과 같다고 한다.

1) P가 멈추어 서는 횟수는?

2) P가 움직이는 방향이 바뀌는 횟수는?

(나) x축 위를 움직이는 점 P의 시각 t에서의 위치 x는 $\dfrac{1}{4}t^4 - \dfrac{4}{3}t^3 + \dfrac{5}{2}t^2 - 2t$라고 한다.

1) 점 P가 움직이는 방향이 바뀌는 시각 t를 구하여라.

2) $\dfrac{1}{2} \leq t \leq 5$에서 최대 속력을 구하여라.

(다) 그 사막에서 그는
너무도 외로워
때로는 뒷걸음질로 걸었다
자기 앞에 찍힌 발자국을 보려고

– 오스팅 블루, 〈사막〉

(라) 나무꾼 부자(父子)가 도끼로 장작을 열심히 패고 있었다. 아버지가 아들에게 말했다.

"아들아, 도끼의 날이 너무 무디구나. 도끼의 날을 갈아야 겠다."

그러자 나무꾼의 아들은 시간이 없어서 한가롭게 도끼날을 갈 여유가 없다고 답했다. 아버지는 다시 아들에게 말했다.

"아들아, 무딘 도끼날을 가는 것은 절대 시간 낭비가 아니란다."

생각 던지기

1 글 (가)의 문제에 답하여라.

2 글 (나)의 문제에 답하여라.

3 글 (가)는 어떤 사람이 걸어온 삶의 궤적을 표현한 식이다. 물음에 답하여라.

　3-1 내 인생의 터닝포인트는 언제였으며, 그 동기는 무엇이었는가?

　3-2 터닝포인트 이후 내 삶의 속도는 어떠했는가?

　⇨ 최고의 속도를 달렸을 때는 언제였으며 그 원동력은 무엇이었는가? 그렇다면 지금의 나의 속도는 얼마인가?

　3-3 내가 걸어온 삶의 궤적을 돌아보았을 때 신나게 걸어온 삶의 구간(증가함수)과 슬럼프에 빠져 힘들었던 구간(감소함수)은 어디인가? 그 이유도 이야기해 보자.

4 혜민 스님은 '멈추어 서야 비로소 보인다'고 말했다. 내가 걸어온 삶의 과정 중에 잠시 멈추어 섰다가 다시 걸어야 했던 때(변곡점)는 언제인가? 글 (라)의 내용과 연관 지어 생각해 보자.

5 내 삶에서 방향을 바꾸어야 했던 때가 있었는가?

　5-1 내 인생의 최고의 순간에서 방향을 바꾸어야 할 때(극대)는 언제였는가?

　5-2 내 인생의 최악의 순간에서 방향을 바꾸어야 할 때(극소)는 언제였는가?

1 다음 글을 읽고 변곡점이 우리에게 주는 메시지를 생각해 보자.

어느 날, 친한 두 나무꾼이 도끼를 들고 나무를 하러 산에 올랐다. 둘 중 한 친구는 욕심이 많고 경쟁심이 강해서 남에게 지고는 못사는 성격이었다. 두 사람은 열심히 나무를 했는데 한 친구는 50분 일하고 10분은 쉬어 가며 나무를 하고, 욕심 많은 친구는 한시도 쉬지 않고 땀을 흘리면서 나무를 했다. 욕심 많은 친구는 쉬는 친구를 보며 마음속으로 자신이 훨씬 더 많이 나무를 했을 것이라고 기뻐했다.

어느덧 집으로 돌아갈 시간이 되어, 두 친구는 누가 더 많은 나무를 했는지 헤아려 보았다. 그런데 놀랍게도 50분 일하고 10분을 쉬었던 친구의 나무가 더 많았다. 욕심 많은 친구는 속이 상해 물었다.

"나는 쉬지도 않고 더 열심히 했는데 어째서 자네가 더 많은 나무를 하였는가?"

그러자 다른 친구가 웃으며 대답했다.

"나는 10분을 쉬는 사이에 무딘 도끼의 날을 갈았다네."

⇨ 무딘 도끼날을 가는 것은 한 걸음 더 전진하기 위한 자기개발이라고 할 수 있다. 우리는 나무꾼처럼 시간이 없고, 형편이 어렵다는 핑계를 대며 무딘 도끼날을 그대로 사용하고 있지는 않은가?

💬 생각 나누기

1 다음은 성경에 나오는 베드로의 이야기다. 이 이야기에서 베드로 인생의 터닝포인트를 찾아볼 수 있다. 베드로의 삶에서 일어난 사건들을 수학적 개념인 극댓값과 극솟값 그리고 변곡점에 대입하여 생각해 보고, 서로 의견을 나누어 보자.

무리가 몰려와서 하나님의 말씀을 들을새 예수는 게네사렛 호수가에 서서 호숫가에 배 두 척이 있는 것을 보시니 어부들은 배에서 나와서 그물을 씻는지라. 예수께서 한 배에 오르시니 그 배는 시몬의 배라. 육지에서 조금 떼기를 청하시고 앉으사 배에서 무리를 가르치시더니 말씀을 마치시고 시몬에게 이르시되 깊은 데로 가서 그물을 내려 고기를 잡으라. 시몬이 대답하여 이르되 "선생님 우리들이 밤이 새도록 수고하였으되 잡은 것이 없지마는 말씀에 의지하여 내가 그물을 내리리이다" 하고, 그렇게 하니 고기를 잡은 것이 심히 많아 그물이 찢어지는지라. 이에 다른 배에 있는 동무들에게 손짓하여 와서 도와 달라 하니 그들이 와서 두 배에 채우매 잠기게 되었더라.

시몬 베드로가 이를 보고 예수의 무릎 아래에 엎드려 이르되 "주여, 나를 떠나소서 나는 죄인이로소이다" 하니, 이는 자기 및 자기와 함께 있는 모든 사람이 고기 잡힌 것으로 말미암아 놀라고, 세베대의 아들로서 시몬의 동업자인 야고보와 요한도 놀랐음이라. 예수께서 시몬에게 이르시되 "무서워하지 말라. 이제 후로는 네가 사람을 취하리라" 하시니 그들이 배들을 육지에 대고 모든 것을 버려두고 예수를 따르니라.

– 〈누가복음〉 5:1~11

실수 전체의 집합에서 정의된 함수 $f(x) = \begin{cases} \sqrt{|x|}(e^x-1)\cos\dfrac{1}{x} & (x \neq 0) \\ 0 & (x = 0) \end{cases}$ 에 대하여

제시문 (가)~(다)를 참고하여 다음 물음에 답하여라.

(가) 함수 $f(x)$가 $x=a$를 포함하는 어떤 열린구간에 속하는 모든 x에 대하여 $f(x) \leq f(a)$이면 $f(x)$는 $x=a$에서 극댓값을 가진다고 한다. 또한 $x=a$를 포함하는 어떤 열린구간에 속하는 모든 x에 대하여 $f(x) \geq f(a)$이면 $f(x)$는 $x=a$에서 극솟값을 가진다고 한다. 극댓값과 극솟값을 통틀어 극값이라고 한다.

(나) 최대·최소 정리
함수 $f(x)$가 닫힌구간 $[a, b]$에서 연속이면, $f(x)$는 $[a, b]$에서 최댓값과 최솟값을 가진다.

(다) 적분과 미분의 관계
함수 $f(t)$가 닫힌구간 $[a, b]$에서 연속일 때, $\dfrac{d}{dx}\displaystyle\int_a^x f(t)dt = f(x)$ (단, $a < x < b$) 가 성립한다.

(2017 서강대 수시전형 평가문항)

---

1 함수 $f(x)$의 $x=0$에서의 미분 가능성을 조사하여라.

2 $x \leq -\dfrac{1}{2\pi}$일 때, 부등식 $f(x) < 0$을 풀어라.

3 함수 $f(x)$가 모든 자연수 n에 대하여 열린구간 $\left(\dfrac{2}{(2n+1)\pi}, \dfrac{2}{\pi}\right)$에 속하는 적어도 n개의 점에서 극값을 가짐을 보여라.

* 생각 던지기

1

1) 3번의 쉼이 있다.

2) 2번 바뀐다.

2

1) $v(t) = \dfrac{dx}{dt} = (t-1)^2(t-2) = 0$

$t=1$: 변곡점으로 방향이 바뀌지 않는다.

$t=2$: 극소점으로 방향이 바뀌는 점이다.

2) $v'(t) = 3t^2 - 8t + 5 = (t-1)(3t-5)$

따라서, $t = 1,\ \dfrac{5}{3}$

$v(\dfrac{1}{2}) = \dfrac{3}{8}$이므로 속력은 $|-\dfrac{3}{8}| = \dfrac{3}{8}$

$v(1) = 0$이므로 속력은 0

$v(\dfrac{5}{3}) = -\dfrac{4}{27}$이므로 속력은 $|-\dfrac{4}{27}| = \dfrac{4}{27}$

$v(5) = 48$이므로 속력은 48

따라서, $\dfrac{1}{2} \le t \le 5$에서 최대 속력은 48이다.

27

부정방정식 – 조건이 있는 삶에 희망이 있다

연립방정식의 개념과 원리를 이용하여 다양한 삶의 문제를 해결할 수 있다.

(가) 한 학생이 선생님의 세 딸의 나이를 물어보았다. 선생님은 "세 딸의 나이를 모두 곱하면 36이 되며, 모두 더하면 13이 된다"고 대답했다. 학생이 뭔가 설명이 빠졌다고 지적하자, 선생님은 "큰 아이는 피아노를 치기 시작했다"고 대답했다. 세 딸의 나이는 각각 얼마일까?

(나) 사건 현장에 있던 한 여인이 용의자로 붙잡혀 왔다. 여인은 경찰의 조사에서 다음과 같이 진술하였다. "나는 스물한 살에 아이를 낳고 싶었습니다. 그런데 나는 우리 아이보다 나이가 꼭 스물한 살 많아요. 또한 6년이 지나면 내 나이가 정확히 아이 나이의 다섯 배가 되지요."

(다) 남들은 자유를 사랑한다지마는 나는 복종을 좋아해요.
자유를 모르는 것은 아니지만 당신에게는 복종만 하고 싶어요.
복종하고 싶은데 복종하는 것은 아름다운 자유보다도 달콤합니다.
그것이 나의 행복입니다.
그러나, 당신은 나더러 다른 사람을 복종하라면 그것만은 복종할 수 없습니다.
다른 사람을 복종하려면 당신에게 복종할 수 없는 까닭입니다.

– 한용운, 〈복종〉

(라) 키 조금 크고 강동원 살짝 닮고 여자 맘을 조금만 이해해 주는 그런 사람
돈 조금 많고 큰 이벤트는 말고 장미 백 송이 다이아 목걸이나 반지

– 베스티, 〈연애의 조건〉

(마) 실존은 본질에 앞선다(l'existence précède l'essence).

– 장 폴 사르트르

생각 던지기

1 연립방정식의 해를 구하는 방법에 대하여 나누어 보자.

2 글 (가)와 (나)의 상황을 연립방정식을 이용하여 설명하여라.

3 등식에는 방정식과 항등식이 있다. 글 (다)와 (라)의 내용을 등식의 개념과 연결하여 설명하여라.

4 글 (마)의 '실존은 본질에 앞선다'는 장 폴 사르트르의 주장을 뒷받침할 수 있는 논리적 주장을 글 (가)~(라)를 근거로 설명하여라.

 생각 넓히기

1 내가 해결해야 할 방정식에는 어떤 것들이 있는지 살펴보자.

2 내 앞에 있는 문제들에 두려움이 앞서는 경우는 무엇 때문인가?

3 글 (다)에 나오는 복종과 순종의 관계를 설명하고 나의 생각을 나누어 보자.

1 우리 사회에는 순결 서약을 중시하는 사람들도 있지만, 한편으로는 바뀐 시대에 혼전 임신은 혼수품이라고 주장하는 사람들도 있다. 글 (나)에서 엿볼 수 있는 결혼 전 임신에 대한 찬반 의견을 제시하여 토론해 보자.

2 다음 글을 읽고 물음에 답해 보자.

> 사탕 가게에 사탕 상자 3개가 있다. 각각의 상자에는 박하사탕, 아니스 사탕, 그리고 그 둘의 혼합물이 들어 있다. 사탕 가게 주인은 세 상자의 이름표가 모두 잘못 붙여져 있다고 한다.

2-1 뒤바뀐 이름표를 내용물에 맞게 바꾸기 위하여 사탕 상자를 최소 몇 번 열어야 하는가?

2-2 우리 앞에는 이처럼 수많은 문제들이 있다. 어떻게 해결하며 살아갈 것인가?

2-3 우리 앞에는 타인이 만들어 놓은 문제와 내가 만들어 가는 문제들이 있다. 이 둘 사이의 관계를 설명하여라.

3 글 (다)의 한용운의 시를 읽고 복종과 순종의 관계를 통한 행복의 방안을 나누어 보자.

* 생각 던지기

2 글 (가)의 경우, 세 숫자를 모두 곱해서 36이 되는 숫자로는 (36, 1, 1), (18, 2, 1), (12, 3, 1), (9, 4, 1), (6, 6, 1), (9, 2, 2), (6, 3, 2), (4, 3, 3)으로 총 8가지 경우의 수가 있다.

그런데 학생이 뭔가 설명이 빠졌다고 언급했다는 것은 뭔가 조건이 부족했다는 의미가 된다. 숫자 세트를 각각 더해 보면 38, 21, 16, 14, 13, 13, 11, 10이 된다. 다시 말해, 세 숫자의 합이 13으로 겹치는 (6, 6, 1)과 (9, 2, 2)를 구분해 줄 조건이 필요하다.

이에 선생님은 '큰딸'은 피아노를 친다고 대답했다. 큰딸이라는 것은 가장 나이가 많은 아이가 구분된다는 의미이므로, (6, 6, 1)과 (9, 2, 2) 중에 가장 큰 수가 구분되는 (9, 2, 2)가 된다. 따라서 세 딸의 나이는 9살, 2살, 2살이 된다.

글 (나)의 경우, 여인의 나이를 M, 아이의 나이를 K라 하면, 다음과 같은 값이 나온다.

$$\begin{cases} M = K + 21 \\ M + 6 = 5(K + 6) \end{cases} \qquad \therefore K = -\frac{3}{4}$$

이 값의 의미는 결혼하기 9개월 전에 이미 임신을 했다는 것이다.

* 생각 나누기

2-1 정답: 1번

주목해야 할 부분은 세 상자의 이름표가 전부 잘못 되어 있다는 사실이다. 즉, 혼합이라고 쓰여 있는 상자는 절대 혼합이 아닌 것이다. 먼저 혼합이라 쓰여 있는 상자를 열었는데 박하사탕이 나왔다고 가정해 보자. 그렇다면 이 상자는 박하사탕만 들어 있는 상자이다. 따라서 원래 박하사탕이라고 쓰여 있던 상자와 이 상자의 이름표를 맞바꾸면 상자 하나는 맞춰진 상태가 된다. 이제 남은 것은 두 상자인데, 아니스 사탕이라고 쓰여 있는 상자 역시 이름표가 잘못 붙어 있는 상태이므로, 다시 혼합 이름표와 아니스 이름표를 맞바꾸면 세 상자의 이름표와 내용물이 모두 일치하게 된다.

28

완전수 – 불완전한 삶이 완전한 삶을 만들어 간다

완전제곱수의 개념과 원리를 통해 완전한 삶과 불완전한 삶의 인과관계를 살펴볼 수 있다. 또한, 이를 통해 불완전한 삶이 완전한 삶을 만들어 가는 과정임을 발견할 수 있다.

(가) 자기 번호의 배수인 사물함이 닫혀 있으면 열고, 열려 있으면 닫는다고 한다. 처음 사물함 상태가 모두 닫혀 있다고 했을 때, 100명의 학생들이 모두 들어간다면 열려 있는 사물함의 개수는 몇 개인가?

(나) 피타고라스학파는 자기 자신을 제외한 양의 약수를 더했을 때 자기 자신이 되는 양의 정수를 '완전수(完全數)'라고 불렀다. 그들은 기원전에 이미 완전수 6(1 + 2 + 3), 28(1 + 2 + 4 + 7 + 14), 496, 8128을 발견했다. 1950년대가 될 때까지 수학자들은 위 4개의 숫자를 포함하여 단 12개의 완전수만을 찾아낼 수 있었다.

(다) 최고의 자신이 되고자 하는 이상은 말 그대로 이상으로 보아야 한다. 우리는 스스로가 불완전한 존재라는 사실을 전적으로 받아들이면서 주어진 일에 최선을 다해야 한다. 일본의 정신의학 전문의 쇼마 모리타는 '당신이 될 수 있는 가장 불완전한 사람이 되라'고 한다. 두려움, 불안 등의 감정을 극복의 대상이 아니라 '있는 그대로' 인정하고 받아들여야 할 대상으로 여기고 자신의 부족함 역시 인정할 것을 권한다.
- 줄리언 바지니,《최고가 아니면 다 실패한 삶일까?》

(라) 때가 왔습니다
지난여름은 참으로 위대했습니다
당신의 그림자를 해시계 위에 얹으시고
들녘엔 바람을 풀어 놓아 주소서

마지막 과일들이 무르익도록 명(命)하소서
이틀만 더 남국(南國)의 날을 베푸시어
과일들의 완성을 재촉하시고, 독한 포도주에는
마지막 단맛이 스미게 하소서

지금 집이 없는 사람은 이제 집을 짓지 않습니다
지금 혼자인 사람은 그렇게 오래 남아
깨어서 책을 읽고, 긴 편지를 쓸 것이며
낙엽이 흩날리는 날에는 가로수들 사이로
이리저리 불안스레 헤매일 것입니다

ー 릴케, 〈가을날〉

📖 생각 던지기

1 글 (가)는 완전제곱수, 글 (나)는 완전수의 원리를 담고 있다. 이를 통해 알 수 있는 완전제곱수 및 완전수와 불완전한 수의 차이점은 무엇인가?

2 글 (가)에서 학생들이 열고 닫은 사물함이 완전제곱수의 개수로만 남게 되는 수학적 원리는 무엇인가?

3 완전제곱수의 원리를 적용할 수 있는 일상생활의 사례를 찾아보자.

4 현재 2019년은 완전수가 아니다. 완전수인 해는 8128년이다. 그때가 다가오려면 아직 너무 멀었다. 우리는 어떻게 살아가야 할까? 글 (다)를 참고하여 답해 보자.
⇨ 스스로의 부족함을 알고 서로 채워 가며 살아가자.

5 글 (라)는 자연의 가을(성숙한 자연)과 인간의 가을(성숙하지 못한 시적 자아)을 대조 기법을 활용하여 표현하고 있다. 이에 대한 자신의 생각을 나누어 보자.

1 내가 생각하는 완전한 삶과 불완전한 삶이란 무엇인가? 그것을 구분할 수 있는 기준은 무엇인가?

    1-1 자신의 삶이 완전한 삶이라고 생각한다면, 그 이유는 무엇인가?

    1-2 자신의 삶이 불완전한 삶이라고 생각한다면, 그 이유는 무엇인가?

2 내가 꿈꾸는 완전한 삶을 위해 불완전함을 극복하는 방법은 무엇인가?
예컨대, 7이라는 수가 완전제곱수가 되기 위한 방법은 무수히 많다.

3 연산에는 사칙연산과 이항연산이 있다. 새로운 연산을 다음과 같이 정의할 때, 다음 순서를 따라해 보자. 어떤 숫자가 나올까? 그 숫자는 완전수인가?

> (옆으로)라는 연산은 자연수의 각 자리수를 더하는 연산으로 정의하자.
> (위로)라는 연산은 임의의 자연수를 더하는 연산으로 정의하자.
> (아래로)라는 연산은 임의의 자연수를 빼는 연산으로 정의하자.

  첫째, 임의의 자연수를 생각하라.
  둘째, (위로)의 연산을 하라.
  셋째, (아래로)의 연산을 하라.
  넷째, (옆으로)의 연산을 하라.
  다섯째, (곱하기2)의 연산을 하라.
  여섯째, (옆으로)의 연산을 하라.
  일곱째, (옆으로)의 연산을 한 번 더하라.
  여덟째, (곱하기9)의 연산을 하라.
  아홉째, (옆으로)의 연산을 하라.
  열 번째, (더하기7)의 연산을 하라.
  열한 번째, (빼기2)의 연산을 하라.
  열두 번째, (곱하기2)의 연산을 하라.

1 완전제곱수란 '정수의 제곱으로 된 수'를 의미한다. 글 (가)에서 열려 있는 사물함이 완전제곱수의 개수로만 남게 되는 원리에 대해 완전제곱수의 정의를 이용하여 설명하고 일상생활에서 완전제곱수를 활용할 수 있는 사례들에 대해 설명하여라.

2 자신이 추구하고자 하는 가치를 성취하는 삶을 완전한 삶이라고 할 때, 불완전한 삶은 그 목표를 성취하지 못하고 좌절한 삶이라고 할 수 있다. 그렇다면 우리는 어떠한 목표를 가지고 살아가야 할지 말해 보자.

⇨ 예컨대, 교사라는 직업을 가진다는 것은 삶에 대한 일차적인 목표가 된다. 그 다음에는 '어떤 교사로 살아갈 것인가?'라는 삶의 목표를 추구하고자 하는 가치로서 평생 동안 가꾸어 가야 한다.

2-1 완전하지 못한 삶은 가치 없고 실패한 인생이라고 정의할 수 있는가? 그렇다면 이상적인 삶의 기준은 무엇으로 정의할 수 있는가?

2-2 인간은 생애주기에 따라 주어진 임무나 환경이 달라지고 그에 맞추어 삶의 모습이 변화해 간다. 이러한 변화 과정에서 '완전해 진다'는 의미는 무엇인가?

* 생각 던지기

2 첫 번째 학생은 닫혀 있는 모든 사물함의 문을 연다. 두 번째 학생은 열려 있는 2, 4, 6, … 사물함의 문을 닫는다. 세 번째 학생은 열려 있던 3, 9, 15, … 사물함의 문을 닫고 닫혀 있던 6, 12, 18, … 사물함의 문을 다시 연다. 즉 열거나 닫은 n번 사물함은 더 이상 변하지 않는 상태를 의미한다.

이 과정을 반복하게 될 경우 1번 사물함은 무조건 열린 채로 남겨지고 2, 3번 사물함은 무조건 닫혀 있게 된다. 네 번째 학생으로 인해 4의 배수 사물함이 열리거나 닫히게 된다. 다섯 번째 학생으로 인해 5의 배수 사물함이 열리거나 닫히게 된다. 열려 있는 사물함의 번호를 유추해볼 때 결국 열려 있는 사물함의 번호는 모두 제곱수인 것을 확인할 수 있다.

따라서 1~100사이의 완전제곱수는 1, 4, 9, 16, 25, 36, 49, 64, 81, 100으로 총 10개가 존재한다.

* 생각 넓히기

3 항상 28이 나온다. 그리고 28의 약수는 1, 2, 4, 7, 14, 28이다.
따라서 1+2+4+7+14=28이므로 완전수이다.

* 생각 나누기

2 '완전제곱수'라는 수학적 개념을 통해 바라보면, 완전한 삶뿐만 아니라 불완전한 삶 역시 충분한 가치를 갖고 있다. 또한 인간의 삶이 현재는 불완전한 형태로 존재할지라도 완전한 형태로 거듭나기 위한 방법은 매우 다양하다.

수의 체계를 통해 다양한 사람들이 살아가는 공동체에서 소통하고 나누며 기쁨을 누릴 수 있는 방법을 발견할 수 있다. 제대로 소통하는 방법을 배움으로써 서로 다름을 인정하고, 의사소통의 부족으로 인해 생기는 오류를 이해할 수 있다. 이를 위해서는 사건의 원인에 따라 이해와 인정을 구분할 수 있는 역량이 필요하다.

(가) 자연수의 집합을 N, 정수의 집합을 Z, 유리수의 집합을 Q, 실수의 집합을 R, 복소수의 집합을 C라 할 때 이들 집합의 포함관계를 나타내면 $N \subset Z \subset Q \subset R \subset C$ 이다.

(나) 수의 체계에서 복소수는 실수와 허수로 구성되어 있다. 실수는 유리수와 무리수로 되어 있으며, 대소 관계가 분명히 있다. 복소수는 실수와 허수로 구성되어 있으며, 대소 관계가 정의되지 않는다.

(다) 다문화란 한 사회 속에 서로 다른 인종, 민족, 종교 등 여러 집단이 가진 문화가 공존하는 사회이다. 이러한 다문화 정책에는 용광로 이론과 샐러드볼 이론, 국수대접 이론이 있다.

　첫째, 용광로 이론이란 여러 민족이 가진 고유한 문화들이, 해당 사회의 지배적인 주류 문화 안에서 변화하고 섞여 서로 영향을 주고받으며 새로운 문화로 나아가는 것을 뜻한다. 즉 비주류 문화를 아예 인정하지 않는다.

　　둘째, 샐러드볼 이론(다문화주의)은 마치 커다랗고 동그란 샐러드볼 안에서 각기 다른 맛과 향, 색을 가진 다양한 채소와 과일들이 섞여 각자 고유의 맛을 지키면서도 하나의 샐러드가 되는 것을 빗댄 말이다. 여러 민족의 문화가 고유의 특색을 잃지 않은 채 하나의 새로운 문화를 만들어 가는 것을 의미한다. 즉 주류·비주류 문화의 구분이 없다.

셋째, 국수대접 이론(문화 다원주의)은 주류와 비주류 문화를 구분하지만, 양쪽 다 고유성을 잃지 말자는 이론이다. 사회 통합은 필요하지만 다문화주의와는 달리 주류 문화의 우월성을 인정하는 것이다. 예컨대, 국수와 국물(주류), 여러 가지 고명(비주류)의 공존을 주장하는 이론이다.

(라) 가위바위보 게임에서 서로 다른 셋이 모이면 평화가 유지된다. 하지만 누군가 하나가 빠지면 갑을 관계가 형성된다. 또한 누군가 한 명이 모의를 하면 그 관계도 갑을 관계로 바뀌고 만다.

(마)
지금도 레미콘은 돌고 있다.
그대들이 잠들어 있거나
명상에 젖어 온밤을 지새울지라도
미묘한 음반처럼 레미콘은 돌고 있다.
등 돌린 그대들의 화합을 위하여
모래와 자갈은 아프게
물과 시멘트는 성질을 죽이고
레미콘은 돌고 있다.
그대들이 까마득히 잊고 있을 때에도
길을 걷거나 걷지 않을 때에도
따뜻한 화합을 위하여
그대들 먼발치에 우뚝 멈추어 선

콘크리트는 위험하지
순하게 섞여 물에 물 탄 듯
물에 물 탄 듯 부서지지 않는
시멘트는 모래가 되고 모래는 자갈이 되어
지금도 레미콘은 돌고 있다.
오랜 미아로 서성대는 그대들의 어깨 너머
다시 만남을 위하여
알게 모르게 절망하지 않을 때에도
　　　　　　　－ 최영철, 〈지금도 지금도〉

1 수의 체계에서 실수는 대소 관계가 있고, 허수는 대소 관계가 없다. 이를 증명하여라.

2 유리수와 무리수는 물과 기름처럼 하나가 될 수 없으며, 대소 관계가 분명한 특징이 있다. 하지만 실수라는 이름 아래서는 한 가족이다. 이때 무리수 상등관계를 통해 문제를 해결하게 된다. 이처럼 아름다운 삶의 공동체를 위해서는 서로 이해하는 것이 필요하다. 이를 위한 방안은 무엇일까?

3 실수와 허수는 물과 기름처럼 하나가 될 수 없으며, 대소 관계가 없다. 하지만 복소수라는 이름 아래서는 한 가족이다. 이때 복소수 상등관계를 통해 문제를 해결하게 된다. 이처럼 아름다운 삶의 공동체를 위해서는 서로 다름을 인정하는 것이 필요하다. 이를 위한 방안은 무엇일까?

4 다문화 정책의 세 가지 이론과 연결지어 수의 체계를 설명하여라.

 생각 넓히기

1 세 가지 다문화 이론 중 나의 의견은 어떤 것에 가까운가?
⇨ 내 안에는 세 가지 성향이 섞여 있는 듯하다. 문제는 이 생각이 이기적이라는 사실이다. 공동체 안에서는 다른 사람들이 나에게 샐러드볼 이론으로 다가왔으면 좋겠다. 그런데 내가 타인을 대할 때는 국수대접 이론이나 용광로 이론을 적용하고 있다.

2 많은 사람들이 샐러드볼 이론을 추구하고자 하지만 현실은 그렇지 못하다. 이에 대하여 구동존이(求同存異) 화이부동(和而不同)의 의미를 되새기며 대안을 생각해 보자.

3 개인적인 차원에서 더 나아가 내가 다문화 사회에 대한 문화정책 연구원이라면 어떤 정책을 추진해야 할까?

생각 나누기

1 다문화 사회는 우리의 현실이 되었다. 이러한 사회상에 비추어 글 (다)에서 소개한 세 가지 다문화 이론의 장단점을 설명하고, 더불어 살아가는 사회를 위한 방법에 대하여 이야기 나누어 보자.

2 우리 사회에서 일어난 일 중에 세 가지 다문화 이론을 설명할 수 있는 사례를 들고, 그 대안을 제시하여 보자.

3 글 (라)와 같이 균형이 무너져 갑을관계가 형성되는 사회 현상에 대하여 어떻게 해결해야 할지 토론해 보자.
⇨ 샐러드볼 이론에서 국수대접 이론으로의 변화.

4 글 (마)의 시 〈지금도 지금도〉를 다문화 이론과 연결하여 설명해 보자.

＊ 생각 던지기

1 [허수의 대소 관계 비교]

허수단위 $\sqrt{-1} = i$에 대하여

(ⅰ) $i > 0$일 때, 양변에 i를 곱하면, $i^2 > 0$, $-1 > 0$으로 모순이다.

(ⅱ) $i = 0$일 때, 양변에 i를 곱하면, $i^2 = 0$, $-1 = 0$으로 모순이다.

(ⅲ) $i < 0$일 때, 양변에 '$-$'를 곱하면 $-i > 0$이 된다. 양변에 i를 곱하면 $-i^2 < 0$, $1 < 0$으로 모순이다. 따라서 허수는 대소 관계를 비교할 수 없다.

4 복소수 체계에서 실수는 대소 관계가 있고, 허수는 대소 관계가 없다.

복소수 체계에서는 실수와 허수가 서로 다름을 인정하지만 하나의 복소수 체계 안에 존재하기 때문에 샐러드볼 이론에 해당한다.

반면, 실수 체계에서 유리수와 무리수는 물과 기름처럼 계산할 때 서로 섞이지 않고 유리수는 유리수끼리, 무리수는 무리수끼리 계산한다. 하지만 유리수와 무리수의 대소 관계가 존재하므로 국수대접 이론에 해당한다.

30

집합과 함수 – 무한의 사고로 세상을 품다

함수의 일대일 대응에 대한 개념과 원리를 이용하여 무한한 삶의 가능성을 발견하고, 현상에서 본질을 볼 수 있는 사람이 자유인임을 알게 된다.

(가) 집합에는 유한집합과 무한집합이 있다. 힐베르트의 무한호텔은 무한집합을 잘 설명한다. 무한호텔에는 무한 개의 방이 있다. 방의 번호는 1에서부터 시작해 무한히 존재한다. 어느 날, 호텔방이 모두 찼는데 한 손님이 찾아와서 방을 달라고 한다. 방이 모두 찼음에도 불구하고 지배인은 손님에게 방을 마련해 주었다. 다음날에는 신혼부부 5쌍이 그리고 그 다음날에는 셀 수 없는 무한대의 사람들을 태운 버스가 호텔에 도착했다. 그때마다 지배인은 즐거운 마음으로 모든 손님들을 호텔에 머물 수 있도록 방을 배정하였다.

(나) 선생님은 실수(R)는 유리수(Q)와 무리수(I)로 구성되어 있다고 설명하면서

공집합이 아닌 세 집합 R, Q, I가 그림과 같다고 할 때, n(R)=n(Q)=n(I)이 성립한다고 할 수 있는지 질문했다. 이에 대하여, 대한이는 '불가능하다'고 대답하였고, 민국이는 '가능하다'고 대답하였다. 이들의 주장에 대한 논리적 근거는 무엇일까?

(다) 그림과 같이 삼각형 ΔABC의 양 변 $\overline{AB}, \overline{AC}$의 각각 3분의 2 지점에 점 B'와 C'를 찍고, 삼각형 ΔAB'C'를 만들자. 그리고 A에서 출발하여 $\overline{B'C'}$ 위의 점 P를 지나는 반직선 L을 긋고 L이 $\overline{BC}$와 만나는 지점을 P'라고 하자. 이때 P와 P' 중 어떤 것의 개수가 더 많을까?

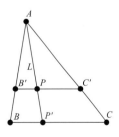

(라) 우리의 사랑 이야기를 할 수는 없으니까 수학 이야기를 할게요. 저는 수학자가 아니지만, 이건 알아요. 0과 1 사이에는 무한대의 숫자들이 있습니다. 0.1도 있고, 0.12도 있고, 0.112도 있고, 그 외에 무한대의 숫자들이 있죠. 물론 0과 2 사이라든지 0과 백만 사이에는 더 '큰' 무한대의 숫자들이 있습니다. 어떤 무한대는 다른 무한대보다 더 커요. 저희가 예전에 좋아했던 작가가 이걸 가르쳐 줬죠. 우리의 사랑이야기도 이와 같을 거예요. 당신이 저에게 이것을 가르쳐 주었어요.

– 영화 《안녕 헤이즐》의 대사 중

(마) 암흑은 암흑인 이상,
이 방 좁은 것이나 우주에 꼭 찬 것이나 분량상 차이가 없으리라
나는 이 대소 없는 암흑 가운데 누워서
숨 쉴 것도 어루만질 것도 또 욕심나는 것도, 아무것도 없다
다만 어디까지 가야 끝이 날지 모르는 내일,
그것이 또 창밖에 등대하고 있는 것을 느끼면서
오들오들 떨고 있을 뿐이다

– 이상, 〈권태〉

 생각 던지기

1 함수를 정의하고, 일대일 대응을 글 (나)와 (다)를 중심으로 설명하여라.

2 글 (라)에서 제시된 폐구간 [0, 1]은 유한집합인가, 무한집합인가?

3 글 (나)에서 대한이와 민국이는 선생님의 질문에 대한 자신의 생각을 말하였다. 둘의 주장을 논리적으로 설명하여라.

4 글 (마)의 이상의 시 〈권태〉를 일대일 대응의 개념과 원리를 이용하여 설명하여라.

1 유한집합의 사고와 무한집합의 사고의 차이는, 세상을 품을 수 있느냐 아니면 세상을 밀어내느냐의 차이와 같다고 할 때, 이에 대한 자신의 생각을 나누어 보자.

2 다음에 소개된 박노해의 〈나눔의 신비〉를 중심으로 유한집합과 무한집합의 개념을 이용하여 어떠한 삶을 살아갈 것인지 소개해 보자.

촛불 하나가 다른 촛불에게 불을 옮겨 준다고
그 불빛이 사그라지는 건 아니다
벌들이 꽃에 앉아 꿀을 따간다고
그 꽃이 시들어 가는 건 아니다

내 미소를 너의 입술에 옮겨 준다고
내 기쁨이 줄어드는 건 아니다
빛은 나누어 줄수록 더 밝아지고
꽃은 꿀을 내줄수록 결실을 맺어가고
미소는 번질수록 더 아름답다

자신의 것을 잃지 않으면
누구에게도 나누어 줄 수 없고
자신을 나누지 않는 사람은
시간과 함께 어둠 속으로 사라진다

– 박노해, 〈나눔의 신비〉

3 우리 문화에서 찾아볼 수 있는 일대일 대응의 의미를 나누어 보자.

3-1 일부일처제의 결혼제도에 대하여 이야기해 보자.

3-2 4차산업 시대의 선다형과 서술논술형 평가에 대하여 이야기해 보자.

3-3 우리의 집주소, 전화번호, 자동차번호, 주민등록번호 등에 대하여 이야기해 보자.

1 100에서 1을 빼면 얼마가 될까? 이에 대해 답하고 그 이유를 설명하여라.

⇨ 99라고 답하는 사람은 수학적으로 계산한 결과이다. 0이라고 답하는 사람은 100을 가졌어도 하나를 잃어버리면 모든 것을 잃은 것과 같다고 할 수 있다. 이처럼 같은 질문에도 답의 의미는 전혀 다르다.

2 다음은 유한과 무한에 관한 식의 값들을 나타내고 있다. 식의 값을 구하고, 그것이 무엇을 의미하는지 나누어 보자.

📖 보기

① $2018 \pm 57 = ?$ ② $\infty \pm 1 = ?$ ③ $2 \times \infty = ?$

④ $0 \times \infty = ?$ ⑤ $\infty \pm \infty = ?$ ⑥ $\lim\limits_{x \to 0} \dfrac{2018}{x} = ?$

3 우리는 유한의 인생을 살아가고 있다. 유한의 인생을 무한의 인생으로 살아가는 방법에는 어떤 것이 있을까?

4 베이컨은 인간을 세 가지 유형으로 비교하여 설명하였다. 이를 읽고 우리는 어떠한 삶을 살아가고 있는지 나누어 보자.

첫째, 거미형(蜘) 인간은 일은 안 하고 잠만 자면서 타인의 피를 빨아먹으며 살아가는 이기적인 인간이다. 생산적·창조적 노력은 하지 않고 과거에 얻은 지식과 경험, 지위나 명성만으로 살아간다.
⇨ 〈베드로전서 5:8〉 - 우리 능력 밖의 일! 하나님이 지켜주셔야 함.

둘째, 개미형(蟻) 인간은 근면하고 조직력이 강하지만 결국 끼리끼리 살아가는 개인주의적 인간이다. 부지런히 먹을 것을 수집하지만 자기 가족이나 기업 등을 유지하기에 바쁘다.
⇨ 〈디모데후서 3:15〉 - 삯군의 목자

셋째, 꿀벌형(蜂) 인간은 근면하고 조직력도 강할 뿐만 아니라 꿀을 따서 다른 벌을 먹이기까지 하는 이타주의적인 인간이다. 자신의 몫만 챙기지 않고, 부지런히 옮겨 다니며 행복과 사랑과 생명을 전파한다.
⇨ 〈요한복음 10:10〉 - 예수님! 전적 위탁자의 삶!

* 생각 던지기

1 함수의 정의: 임의의 $x \in X$에 대하여, $(x, y) \in f$인 $y \in Y$가 유일하게 존재한다. 이러한 y를 $f(x)$라고 쓴다.

일대일 대응: 함수 $f : X \rightarrow Y$에서, 치역과 공역이 같고, X의 임의의 원소 x_1, x_2에 대하여 $x_1 \neq x_2$이면 $f(x_1) \neq f(x_2)$

(나) 열린구간 (∞, ∞)에서의 자연수, 짝수, 홀수의 관계이다. 자연수는 짝수와 홀수를 포함하기 때문에 당연히 둘보다 개수가 많을 것 같지만 그렇지 않다. 짝수와 자연수의 원소들을 비교해 보면 다음과 같이 나타낼 수 있다.

{A}: 1, 2, 3, 4, 5, 6, 7 ······

↓ ↓ ↓ ↓ ↓ ↓ ↓

{B}: 2, 4, 6, 8, 10, 12, 14 ······

이렇게 나타내면 {A} → {B}는 일대일 대응이 된다.

일대일 대응이면 두 집합의 원소의 개수가 같아야 하므로 집합A와 집합B의 원소 개수는 같다. 같은 방법으로 집합A와 집합C의 관계에서도 두 집합의 원소 개수가 같음을 설명할 수 있다.

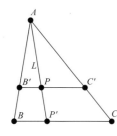

(다) 이 상황을 그림으로 그려보면 다음과 같다.

길이는 $\overline{BC}$가 $\overline{B'C'}$보다 더 길지만 L에 따라 P와 P'은 하나씩 만들어지고 L의 개수는 무한하다.

따라서, P와 P'의 개수는 똑같고 둘 다 개수가 무한하다.

* 생각 넓히기

2 무한한 사고를 가진 사람처럼 나누는 삶이 중요하다. 촛불이 자신의 불을 나눈다고 불이 사라지지 않듯이 우리도 우리의 것을 나누고 다른 사람과 함께해도 그것들은 사라지지 않는다. 행복도 그러하다. 자신의 것을 잃는 것이 손해 보는 것이라고 생각하기 쉽지만 사실은 자신을 더 성장시키는 일이고, 이런 이타적인 행동들이 무한대적인 삶을 만들어 나간다. 이 시에서는 자신을 나누지 않는 사람은 시간과 함께 어둠 속으로 사라진다고 했다. 타인을 위한 희생과 나눔 정신, 즉 무한대적 삶을 살지 않는다면 기억 속으로 잊혀진다는 뜻이다.

31

명제(비둘기집 원리) - 결핍은 경쟁의 원인이자 결과

비둘기집의 원리를 통해 경쟁과 경주의 삶이 우리에게 미치는 영향을 살펴보고, 더불어 살아가는 경주의 삶을 배울 수 있다.

(가) n개의 비둘기집에 $n+1$마리의 비둘기가 살면, 적어도 한 집에는 두 마리 이상의 비둘기가 살게 된다는 것을 비둘기집 원리(pigeonhole principle)라고 한다. 이 원리는 디리클레의 서랍 원리로도 잘 알려져 있다.

(나) 한 변의 길이가 2인 정사각형의 내부에 5개의 점을 임의로 찍을 때, 두 점 사이의 거리가 $\sqrt{2}$보다 작은 두 점이 반드시 존재한다.

(다) '의자 앉기'라는 게임이 있다. 의자는 n개, 사람은 $n+1$명이 노래에 맞추어 놀다가 휘슬이 울리면 의자에 앉는 게임으로, 매 라운드 의자에 앉지 못하는 사람이 분명히 생긴다. 이와 같이 계속하면 마지막에는 한 사람만 남게 된다.

(라) 병원에 갈 채비를 하며 어머니께서 한 소식 던지신다
허리가 아프니까 세상이 다 의자로 보여야
꽃도 열매도, 그게 다 의자에 앉아 있는 것이여

주말엔 아버지 산소 좀 다녀와라
그래도 큰애 네가 아버지한테는 좋은 의자 아녔냐

이따가 침 맞고 와서는 참외밭에 지푸라기도 깔고
호박에 똬리도 받쳐야겠다
그것들도 식군데 의자를 내줘야지
싸우지 말고 살아라. 결혼하고 애 낳고 사는 게 별거냐
그늘 좋고 풍경 좋은 데다가 의자 몇 개 내놓는 거여

– 이정복, 〈의자〉

1 글 (가)의 비둘기집의 원리를 귀류법을 이용하여 증명하여라.

2 글 (가)의 원리를 이용하여 글 (나)를 설명하여라.

3 글 (다)에 나오는 놀이를 통해 비둘기집 원리를 익혀 보자.

4 글 (라)에서 의자는 무엇을 의미하는가?

5 학생 수가 40명인 반에서 생일을 조사했더니 다음과 같은 두 가지 사실을 알게 되었다. 1) 4명 이상의 생일이 있는 달이 반드시 있다. 2) 6명 이상의 생일이 있는 요일이 반드시 있다. 이것은 우연의 일치가 아님을 비둘기집의 원리를 이용하여 설명하여라.

생각 넓히기

1 비둘기집 원리를 설명할 수 있는 사회현상에는 무엇이 있는가? 그리고 그 현상을 해결하기 위한 방안은 무엇인가?

2 '의자 앉기' 게임은 어린 시절 한 번쯤 해 보았을 것이다. 사람 수보다 의자를 1개 적게 배치하고, 손을 잡고 돌다가 음악이 멈추면 각각 의자에 앉는다. 의자 개수는 언제나 1개 부족하기 때문에 게임을 계속할수록 1명씩 탈락하게 된다. 사회생활도 이와 비슷하다면, 우리는 어떻게 살아가야 할지 생각해 보자.

　2-1 어느 위치에 서야 내가 '의자'에 앉을 수 있을까?

　⇨ 비교적 약한 사람 주변에 있는 것이 유리하다. 전략적인 포지셔닝이 필요하다는 의미다. 사회생활로 예를 들면, 지원율이 떨어지는 회사를 찾아보거나, 블루오션 시장을 노리는 것이다. 혹은 다른 사람과 협력해서 한 명을 철저히 마크한다면 서로 win-win 할 수 있다. 전략적 제휴라고 할 수 있다. 이외에 또 어떤 것들이 있을까?

　2-2 나의 의자를 위해 다른 사람을 배려하지 못하는 경쟁사회를 어떻게 생각하는가?

3 게임에서 즐기는 것과 승리하는 것, 두 가지 가치 중 나는 무엇을 위한 게임을 하고 있는가?

4 책상과 의자는 한 쌍의 하모니를 이루는 도구이다. 나는 누군가가 자신의 자리를 내어 준 삶 위에 있었다. 앞으로는 나도 누군가에게 의자가 되어 주는 삶을 준비해야 한다. 이를 위해 내가 해야 할 일은 무엇인가?

💬 생각 나누기

1 우리는 경쟁이 만연한 사회 속에서 살아가고 있다. 이러한 현실에 더불어 살아가야 하는 공존의 가치와 개인의 이해관계 사이에서 어떻게 할 것인가?

2 삶에서 의자를 지킬 때도 있고 내어 줄 때도 있다. 그렇다면 행복하게 의자를 내어 주기 위해서는 어떤 마음가짐을 가져야 하는가?

3 붓다가 전생에 보살로 인욕수행 정진하고 있을 때의 일화이다. 이야기 속의 붓다는 과연 어떻게 행동했을까?

어느 날 저녁 무렵 보살은 큰 나무 아래 앉아서 조용히 명상에 잠겼다. 그때 갑자기 비둘기 한 마리가 매에게 쫓겨 보살의 품속으로 뛰어들었다. 그러자 매가 날아와 나무 위에 앉아서 보살에게 말했다. "비둘기를 나에게 주세요, 그 비둘기는 나의 저녁거리입니다. 비둘기를 먹지 못하면 며칠을 굶은 터라 죽을지도 모릅니다." 보살이 말했다. "비둘기를 내어 줄 수 없다. 보살은 모든 중생을 잘 보호하겠다고 서원한 사람이다." 매가 다시 말했다. "그대가 모든 중생을 보호한다면 나는 왜 포함되지 않습니까? 비둘기는 나의 저녁거리입니다." 보살은 난처해졌다. 매의 말이 틀리지 않았기 때문이다. 매는 비둘기를 먹지 않는 대신에 비둘기 무게만큼의 살아 있는 살코기를 원했다. 이에 보살은 비둘기를 살리고 매도 살리는 방안을 생각하였다.

문제 풀이

* 생각 던지기

1 (가) n개의 비둘기집과 $n+1$마리의 비둘기가 있다고 가정한다. 만약, 각 비둘기집에 한 마리 이하의 비둘기만 들어 있다면, 전체 비둘기집에는 많아야 n마리의 비둘기가 존재한다. 그런데, 비둘기는 모두 $n+1$마리이므로, 이것은 모순이다. 따라서 어떤 비둘기집에는 두 마리 이상의 비둘기가 있다.

(나) 주어진 정사각형의 각 변에 중점을 잡아 이으면 한 변의 길이가 1인 정사각형이 4개 생기고, 그 대각선의 길이는 $\sqrt{2}$가 된다. 여기에 5개의 점을 찍으면 4개의 정사각형 중 어느 하나에는 적어도 두 점을 찍어야 한다. 왜냐하면 각 정사각형에 한 점씩 고르게 찍는다고 해도 한 점은 남게 되기 때문이다.

5 1) 1년은 12달이고 1달에 4명씩 골고루 채워도 $3 \times 12 = 36$명만 채워지게 된다. 40은 36보다 4가 많으니 나머지 4명은 3명이 생일인 달에 들어가야 한다. 그러므로 생일이 4명 이상 있는 달이 반드시 생기게 된다.

2) 요일의 종류는 7가지이다. 40명의 생일을 7개의 요일에 골고루 나누어도 $5 \times 7 = 35$이므로 5명은 5명씩 들어 있는 요일에 들어가야 한다. 그러므로 6명 이상의 생일이 있는 요일이 있을 수밖에 없다.

* 생각 나누기

3 보살은 비둘기를 살리고 매도 살리는 방안을 생각하여 매에게 비둘기 무게만큼의 자신 살을 떼어 주겠다고 약속했다. 즉 육신은 사대가 잠시 인연으로 화합해서 이루어진 것이고 무상해서 언젠가는 자연으로 돌아갈 몸이니 이 몸을 보시해서 비둘기를 구해 주자고 생각한 것이다. 보살은 저울 한쪽에 비둘기를 올려놓고 자신의 넓적다리 살을 비둘기 무게만큼 베어서 다른 쪽에 올려놓았다. 그런데 어찌 된 일인지 저울은 비둘기 쪽으로 기울었다. 보살이 여러 군데 살을 베어서 저울에 올려도 저울은 비둘기 쪽으로 계속 기울어졌다. 하는 수 없이 보살이 자신의 몸 전체를 저울에 올리자 비로소 저울이 비둘기와 수평이 되었다.

⇨ 이 이야기는 생명의 저울이라는 비유를 통해 생명의 존귀함과 평등함을 보여 준다. 즉 동물과 인간이 다름없이 생명의 무게는 모두 같다는 생명윤리 의식을 드러내고 있다. 이야기에서 보살은 처음에는 작고 가벼운 비둘기 무게만큼의 고깃덩어리는 얼마든지 떼어 내 줄 수 있다고 생각했다. 그러나 생명의 저울로 달아 본 결과, 자신의 목숨을 다 내놓아야 비둘기의 생명의 무게와 같아짐을 깨달았다. 아무리 작은 미물이라도 생명의 값어치는 동일하다는 것이다.

여섯 번째 생각여행

행복은 그리움과
기다림 사이에

로그의 개념과 원리를 통하여 허상(虛像)과 실상(實像)의 차이를 발견하고, 자아 정체성을 찾을 수 있다.

(가) 사물이나 어떤 작용이 드러나는 바깥 모양새를 현상(現象)이라고 한다. 이에 대하여 '실상'과 '허상'이 각각 존재할 수 있다. 실상(實像)이란 허울이 벗겨진 실제의 진실된 모습을 비유적으로 이르는 말이요, 허상(虛像)이란 실제 없는 것이 있는 것처럼 나타나 보이거나 실제와는 다른 것으로 드러나 보이는 모습을 말한다.

(나) $a > 0$, $a \neq 1$일 때, 양수 b에 대하여 $a^x = b$를 만족하는 실수 x는 오직 하나 존재한다. 이때, x를 a를 밑으로 하는 b의 로그라 하고, $x = \log_a b$로 나타낸다.

(다) 나더러 주여, 주여 하는 자마다 천국에 다 들어갈 것이 아니요
다만 하늘에 계신 내 아버지의 뜻대로 행하는 자라야 들어가리라.
- 〈마태복음〉 7:21

(라) 새까만 눈동자의 아가씨 겉으로는 거만한 것 같아도
마음이 비단같이 고와서 정말로 나는 반했네
얼굴만 예쁘다고 여자냐 마음이 고와야 여자지
- 남진, 〈마음이 고와야지〉

📖 생각 던지기

1 글 (나)의 $a^x = b$을 만족하는 해가 오직 하나만 존재할 조건에 상응하는 단어들을 글 (가)에 근거하여 글 (다)~(라)에서 찾아라(허상이 아니라 실상이 되게 하라).

2 $-1 \le x < 4$인 모든 실수 x에 대하여 $\log_{10}(ax^2 - 2ax + 1)$의 값이 존재하기 위한 a값의 범위를 구하는 과정을 서술하여라.

3 세 자연수 a, b, c에 대하여, $\log_{b^2-c^2}{}^{(a^2-b^2)}$의 값이 존재할 때, 글 (나)에 근거하여 [보기]의 값이 항상 존재하는지 판별하고, 반례를 들어 그 이유를 설명하여라.

> 보기
>
> ㄱ. $\log_{b-c}{}^{(a-b)}$ ㄴ. $\log_{a-c}{}^{(b^3-c^3)}$ ㄷ. $\log_{10}{}^{\left(\frac{1}{\sqrt[n]{c}} - \frac{1}{\sqrt[n]{a}}\right)}$

🔍 생각 넓히기

1 다음 글을 중심으로 내 삶의 실상과 허상에 대하여 스스로(我)를 돌아보자.

- 살아있으나 죽은 것이다. – 〈요한계시록〉 3:1
- 행함이 없는 믿음은 죽은 것이다. – 〈야고보서〉 2:17
- 경건의 모양은 있으나 경건의 능력은 부인하니 이 같은 자들에게서 네가 돌아서라. – 〈디모데후서〉 3:5

2 세상을 살아가는 삶의 지혜를 나누어 보자.

⇨ 남을 헐뜯는 것은 세 사람을 죽인다. 자기 자신과 상대방 그리고 그것을 듣고 있는 사람이다. – 《탈무드》

⇨ 명품에는 반드시 짝퉁이 있다.

⇨ 人無遠慮 難成大業(인무원려 난성대업): 멀리 앞을 보지 못하면 큰일을 이루기 어렵다.

💬 생각 나누기

1 우리의 삶에는 동일한 조건 아래 '실상'과 '허상'이 각각 존재할 수 있다. 허상이란 실제 없는 것이 있는 것처럼 나타나 보이거나 실제와는 다른 것으로 드러나 보이는 모습을 말한다. 이처럼 실상으로 보이지만 실제로는 허상인 경우에 어떻게 행동할 것인지 고민해 보자. 우리는 실상과 허상의 절대적인 기준을 찾을 수 있는가?

   1-1 우리 삶에서 드러난 허상을 찾아보자.

   1-2 무엇이 실상이고 무엇이 허상인가?

   1-3 로그 외에 실상과 허상의 요소를 찾을 수 있는 수학적 개념을 말해 보자.

2 성경의 〈고린도전서〉 1:18에서는 '십자가의 도가 멸망당하는 자에게는 미련한 것이요 구원 받은 우리에게는 하나님의 능력이 됨이라'고 말한다. 그렇다면 다음 글에 나오는 세 개의 십자가 중에서 실상과 허상을 찾고, 우리가 살아갈 삶의 방향을 나누어 보자.

> 또 다른 두 행악자도 사형을 받게 되어 예수와 함께 끌려 가니라. 해골이라 하는 곳에 이르러 거기서 예수를 십자가에 못 박고 두 행악자도 그렇게 하니 하나는 우편에 하나는 좌편에 있더라. 이에 예수께서 이르시되 아버지 저들을 사하여 주옵소서, 자기들이 하는 것을 알지 못함이니이다 하시더라. … (중략) … 달린 행악자 중 하나는 비방하여 이르되 네가 그리스도가 아니냐 너와 우리를 구원하라 하되 하나는 꾸짖어 이르되 네가 동일한 정죄를 받고서도 하나님을 두려워하지 아니하느냐 우리는 우리가 행한 일에 상당한 보응을 받는 것이니 이에 당연하거니와 이 사람이 행한 것은 옳지 않은 것이 없느니라 하고 이르되, 예수여 당신의 나라에 임하실 때에 나를 기억 하소서 하니 예수께서 이르시되 내가 진실로 네게 이르노니 오늘 네가 나와 함께 낙원에 있으리라 하시니라.
>
>   − 〈누가복음〉 23:32~43

➡ 중앙에 있는 예수님의 십자가 – 대속의 십자가
   왼편에 있는 강도의 십자가 – 저주받은 형틀의 십자가
   우편에 있는 강도의 십자가 – 구원받은 십자가

3 다음 시에서 실상은 '알맹이, 아우성, 향그러운 흙 가슴'이고, 허상은 '껍데기와 모든 쇠붙이'라는 것을 알 수 있다. 이처럼 우리도 삶 속의 실상과 허상을 비유적 단어들로 표현해 보자.

껍데기는 가라
사월(四月)도 알맹이만 남고
껍데기는 가라

껍데기는 가라
동학년(東學年) 곰나루의, 그 아우성만 살고
껍데기는 가라

그리하여, 다시
껍데기는 가라
이 곳에선, 두 가슴과 그곳까지 내 논
아사달 아사녀가
중립(중立)의 초례청 앞에 서서
부끄럼 빛내며
맞절할지니

껍데기는 가라
한라에서 백두까지
향그러운 흙 가슴만 남고
그, 모오든 쇠붙이는 가라

– 신동엽, 〈껍데기는 가라〉

* 생각 던지기

1

(가)	현상(現象)	실상(實像)	허상(虛像)
(나)	$\log_a b$	$a>0,\ a\neq 1,\ b>0$	실상의 여집합
(다)	천국	아버지 뜻대로 행하는 자	주여 주여 하는자
(라)	여자	마음이 고운 여자	얼굴만 예쁜 여자

2 $-1\leq x<4$에서 $f(x)=ax^2-2ax+1>0$이면 된다.

ⅰ) $a=0$이면 $f(x)=1>0$ 성립한다.

ⅱ) $a\neq 0$이면 $f(1)=-a+1>0$ $\qquad f(-1)=3a+1>0$

$\qquad\qquad f(4)=8a+1\geq 0 \qquad \therefore -\dfrac{1}{8}\leq a<1$

3 $a^2-b^2>0,\ b^2-c^2>0,\ b^2-c^2\neq 1$을 만족해야 하므로 $a>b>c$이다.

따라서, $a=4,\ b=3,\ c=2$라 놓으면

ㄱ. $b-c=1$이므로 성립하지 않는다.

ㄴ. $a-c\geq 2,\ b^3-c^3>1$이므로 성립한다.

ㄷ. $\dfrac{1}{\sqrt[n]{c}}-\dfrac{1}{\sqrt[n]{a}}=\dfrac{1}{\sqrt[n]{2}}-\dfrac{1}{\sqrt[n]{4}}=\dfrac{\sqrt[n]{4}-\sqrt[n]{2}}{\sqrt[n]{2}\sqrt[n]{4}}>0$이므로 성립한다.

33

지수(거듭제곱근) – 행복한 공동체는 만들어 가는 것

지수법칙의 개념과 원리를 통하여 이해와 인정을 통한 소통의 공동체를 만들 수 있다.

(가) 제곱근들이 모여 사는 마을에 세 수 $A = 2 + \sqrt[3]{2}$, $B = 2 + \sqrt[4]{3}$, $C = \sqrt[4]{3} + \sqrt[3]{9}$ 가 이사를 왔다. 이들은 서로 자신이 더 큰 수라고 소리친다.

(나) 자연수가 모여 사는 마을에 자연재해가 일어나 구호물품으로 라면박스가 전달되었다. 1이 아닌 세 수 a^2, b^3, c^4가 각자 자신이 더 많은 피해를 입었으니 많이 가져야 한다고 주장하다가 분위기가 좋지 않게 되었다. 마침 그곳을 지나가던 수학자가 사이 좋게 나눌 수 있으려면 라면박스가 최소한 몇 개가 필요한지 찾아보도록 하였다.

(다) 사람이 시험을 받을 때에 내가 하나님께 시험을 받는다 하지 말지니 하나님은 악에게 시험을 받지도 아니하시고 친히 아무도 시험하지 아니하시느니라. 오직 각 사람이 시험을 받는 것은 자기 욕심에 끌려 미혹됨이니 욕심이 잉태한즉 죄를 낳고 죄가 장성한즉 사망을 낳느니라.

– 〈야고보서〉 1:13~15

(라) 동류항이란 두 개 이상의 단항식 중에서 계수는 다르더라도 문자의 차수가 똑같은 항을 말한다. 이에 대하여 유유상종(類類相從)이라는 말과 연관 지어 생각할 수 있다. 유유상종은 《주역(周易)》의 〈계사(繫辭)〉 상편에서 그 전거를 찾을 수 있다. 방이유취 물이군분 길흉생의(方以類聚 物以群分 吉凶生矣), 즉 삼라만상은 그 성질이 유사한 것끼리 모이고, 만물은 무리를 지어 나뉘어 산다. 거기서 길흉이 생긴다는 뜻이다.

(마) 파커 J. 파머는 "공동체란 당신이 결코 함께 살고 싶지 않은 사람이 항상 함께 살고 있는 곳, 즉 당신이 싫어하는 사람이 이사를 가면 곧바로 싫어하는 또 다른 사람이 그 자리를 메꾸는 곳이다"라고 말했다.

생각 던지기

1 글 (가)의 세 수 A, B, C의 대소 관계를 설명하여라.

2 글 (나)에서 수학자가 제시한 라면박스는 최소한 몇 개가 필요한가?

3 누구나 아름다운 공동체를 꿈꾼다. 하지만 글 (가)와 (나)에서는 분열이 일어나고 있다. 그 원인이 무엇인지 글 (다)~(마)를 중심으로 제시하고, 아름다운 공동체를 만들기 위한 방안은 무엇인지 자신의 생각을 서술하여라.

4 다음 글을 읽고 물음에 답하여라.

> 거듭제곱근들이 모여 사는 동네에 다음 수(數)들 사이에서 분쟁이 발생했다.
>
> $$\sqrt[3]{54}, \qquad \frac{3}{2}\sqrt[6]{4}, \qquad \sqrt[3]{-\frac{1}{4}}, \qquad \sqrt[6]{2^{15}}$$
>
> 그런데 ⓐ유유상종(類類相從)으로 모여서 자신들의 의견을 주장하고 있다.

4-1 밑줄 친 ⓐ에 대하여 두 집단으로 나눌 수 있다. 서로 구분하여라.

4-2 4-1에서 구분한 두 집단에서 각각의 수들을 모두 더하면 $2^{\frac{n}{m}}$이 된다. 이때, $m+n$의 값을 각각 구하여라. (단, m, n은 서로소인 정수)

생각 넓히기

1 동류항(유유상종)에 대하여 생각해 보자.

　1-1 나와 생각이 같은 사람을 찾는 방법은 무엇인가?

　1-2 공동체 안에서 자신과 같은 사람, 즉 뜻을 같이하는 사람이 없을 경우에 어떻게 할 것인가.

　⇨ 뜻을 같이하는 사람들과는 관계를 잘 이루고, 뜻이 다른 경우에는 인정할 것이 아니라 이해하는 것이 중요하다.

2 다음 수식을 통해 눈에 보이는 것은 서로 다르게 보이지만 실제는 동류항임을 알 수 있는 경우에 대하여 나누어 보자.

$$4 = \frac{8}{2} = \sqrt{16} = \log_3 81 = \sqrt[3]{64} = \log_{\sqrt{2}} 4 = 3^{\log_3 4}$$

3 서로 다름을 인정하지 않는다면 공동체는 어떻게 되겠는가?

 생각 나누기

1 선생님이 복소수를 설명한 후에, 세 개의 실수 A, B, C를 복소수로 확장한다면 어떻게 될지를 질문하였다. 이에 대하여 대한이와 민국이는 다음과 같이 자신의 생각을 말했다.

$$A = -\frac{3}{5}, \qquad B = \frac{-3}{5}, \qquad C = \frac{3}{-5}$$

대한: 세 개의 수는 서로 같은 수이다.

민국: 세 개의 수가 서로 다를 수 있다.

1-1 위의 주장에 대하여 대한이와 민국이의 입장에서 그 이유를 서술하여라.

$$\sqrt{-\frac{3}{5}}, \qquad \sqrt{\frac{-3}{5}}, \qquad \sqrt{\frac{3}{-5}} \Rightarrow \text{대한이의 주장!}$$

$$\sqrt{-\frac{3}{5}}, \qquad \frac{\sqrt{-3}}{\sqrt{5}}, \qquad \frac{\sqrt{3}}{\sqrt{-5}} \Rightarrow \text{민국이의 주장!}$$

1-2 위 사실로부터 우리가 배워야 할 교훈을 나누어 보자.

2 다음 글을 읽고 물음에 답하여라.

옛날 어느 나라에 왕과 공주가 살았다. 어느 날 공주가 병에 걸렸는데 용하다는 많은 의원이 치료해 보았지만 공주의 병을 고치지 못했다. 상심한 왕은 '공주의 병을 고치는 사람은 공주와 결혼할 것이며 다음 왕이 되리라'는 내용의 방을 붙였다.

한편, 왕이 있는 성에서 멀리 떨어진 시골에 삼형제가 살고 있었다. 삼형제에게는 각각 하나씩 소중한 보물이 있었는데, 첫째는 천 리 밖을 볼 수 있는 망원경을, 둘째는 천 리를 하루만에 갈 수 있는 천리마를, 셋째는 모든 병을 치료하는 마법의 사과를 가지고 있었다. 첫째가 망원경으로 왕이 붙인 방을 보고, 삼형제가 함께 둘째의 천리마를 타고 가서, 셋째가 가지고 있던 마법의 사과를 먹여 공주의 병을 고쳐 주었다. 왕은 삼형제 중 누구와 공주를 결혼시켜야 할까?

삼형제 중 공주의 병을 고치기 위해 가장 많이 기여했는지 생각해 볼 때 농경사회의 프레임으로 보면 마법의 사과를 준 셋째이고, 산업사회의 프레임으로 보면 천리마로 삼형제에게 운송 수단을 제공한 둘째이고, 정보화 사회의 프레임으로 보면 망원경으로 성에 붙은 방을 보고 공주의 병든 처지를 알아낸 첫째가 결혼을 해야 한다.

2-1 4차산업 시대에 갖추어야 할 4C 역량은 Critical Thinking, Communication, Creativity, Collaboration이라고 한다. 이와 같은 4차산업 시대의 프레임에서 보았을 때, 왕은 삼형제 중 누구와 공주를 결혼시켜야 할까? 자신의 생각을 이야기해 보자.

1 서로 다르게 보이지만 같은 수들입니다.

$$4, \quad \frac{8}{2}, \quad \sqrt{16}, \quad \sqrt[3]{64}, \quad \log_2 16, \quad 2^{\log_2 4}, \quad 3^{\frac{1}{2}\log_{\sqrt{3}} 4},$$

$$4\tan 45^0, \qquad 4\sqrt{\tan 45^0}, \qquad \log_{\sqrt{\sin 30^0}} 2\cos 60^0$$

⇨ 이들 사이에 분쟁이 일어난다는 것은 오해로 인한 것이다. 그러므로 대화를 통해 서로를 이해할 수 있도록 해야 한다.

2 서로 같은 모습을 하고 있지만 전혀 다릅니다.

$$\log_{\tan 45^0} \cos 30^0, \qquad \log_{\sin 30^0} \tan 45^0$$

⇨ 같은 모습을 흉내 내고 있지만, 존재하지 않는 숫자이다. (실상과 허상) 우리는 존재하지 않는 허상에게 불필요한 에너지를 빼앗기고 있다.

3 지수와 로그성질에 충실했지만 전혀 다른 결과입니다. 무엇이 문제입니까?

$$갑: 3^{\frac{1}{2}\log_{\sqrt{3}} 4} = 3^{\log_{\sqrt{3}} \sqrt{4}} = 3^{\log_3 4} = 4$$

$$을: 3^{\frac{1}{2}\log_{\sqrt{3}} 4} = 3^{2\log_3 2} = 3^2 \times 2 = 18$$

⇨ 세상에는 두 가지 룰(연산)이 있다. 사칙연산과 이항연산이다. 우리는 사회적 동물이기에 공동체의 약속 (사칙연산)을 지켜야 한다. 한편 자신만의 룰(이항연산)도 가지고 있어야 한다. 남이 한다고 나도 따라하면 그 결과는 다를 수 있기 때문이다. 또한, 룰을 지켰다고 우기지만 잘못된 자신을 깨닫지 못할 때도 있다.

4 모두가 같지만 그중에는 서로 다른 크기의 숫자도 있다.

4-1 다수(多數)가 크고 혼자 있는 숫자의 크기는 작다.

4-2 다수(多數)의 숫자는 작지만 소수(少數)가 있는 숫자의 크기는 더 크다.

$$\text{갑: } 4, \quad \frac{8}{2}, \quad \sqrt{16}, \quad \log_2 16, \quad 2^{\log_2 \sqrt{4}}$$

$$\text{을: } 4, \quad \frac{8}{2}, \quad \sqrt{16}, \quad \log_2 16, \quad 2^{\log_{\sqrt{2}} \sqrt{4}}$$

⇨ 다수가 소수를 왕따시킬 수 있다.

갑: 자신과 같은 수들도 많지만 크기도 더 크다. 하지만 혼자인 숫자는 크기마저도 작다.

을: 작은 숫자이면서도 다수가 뭉치면 소수의 큰 숫자도 무시할 수 있다.

문제 풀이

* 생각 던지기

1 A < B < C

2 구하고자 하는 값을 $k=Q^n$이라 할 때, 지수 2, 3, 4의 최소공배수는 12이므로, 등식 $a^2=b^3=c^4=k$를 만족하는 k값들 중 최소인 수는 2^{12}이다.

34

무한등비급수 – 흐르는 물은 웅덩이를 채우지 않고는 앞으로 나아갈 수 없다

무한등비급수의 개념과 성질을 통해 인간의 본성을 탐구할 수 있다.

(가) "아버지, ㉠이 물이 반쯤 차 있는 것인가요? ㉡반쯤 비어 있는 것인가요?"
"이 녀석아, 그것은 네가 지금 물을 따르고 있느냐, 아니면 마시고 있느냐에 달렸지."

(나) 물이 들어 있지 않은 잔이 있다. 첫째 날에는 잔의 1/3만큼 물을 넣고, 둘째 날에는 첫째 날에 넣은 물의 양의 1/3을, 셋째 날에는 둘째 날에 추가한 물의 양의 1/3을, 넷째 날에는 셋째 날에 추가한 물의 양의 1/3을 넣는다. 이와 같은 방법으로 계속해서 물은 넣는다. (단, 물잔의 부피는 1이다.)

(다) 무한급수 $\displaystyle\sum_{n=1}^{\infty} ar^{n-1} = a + ar + ar^2 + \cdots$의 값이 수렴할 조건은 $-1 < r < 1$이다.

(라) 함수 $y = f(x)$가 $x = a$에서 연속이다.

(마) 遊水池爲物也 不盈科不行(유수지위물야 불영과불행)
흐르는 물은 웅덩이를 채우지 않고는 앞으로 나아갈 수 없다.

– 맹자, 〈진심상〉

(바) 낙수효과란 대기업 혹은 부유층의 부가 증대되면 경기가 부양되어 서민과 저소득층의 부도 증대된다는 이론이다. 그러나 이 이론은 경기를 부양시킬 수는 있으나 소득 분배는 오히려 악화된다는 지적이 꾸준히 제기되어 결국 2015년 IMF는 이 이론을 폐기하였다.

1 글 (가)는 아버지와 아들의 대화이다. 아버지가 아들에게 한 말의 의미를 글 (나)~(라)의 내용을 통해 추측해 보자.

2 글 (다)를 증명하여라.

3 글 (라)의 '함수 $y=f(x)$가 $x=a$에서 연속'일 조건을 서술하여라.

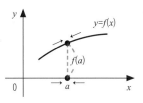

4 2, 3번 문제의 개념과 원리를 바탕으로 밑줄 친 ㉠과 ㉡을 논리적으로 설명하고자 한다. 글 (나)를 이용하여, 아들이 이해한 내용을 다음과 같이 설명한다고 할 때, 다음 물음에 답하여라.

4-1 n일째 날에 물잔에 추가되는 물의 양을 a_n이라고 할 때,

1) 물잔에 담겨있는 물 양의 변화 상태를 무한급수로 표현하여라.

2) a_n과 a_{n+1}의 관계식을 써라.

3) 일반항 a_n과 $S_n = \sum_{k=1}^{n} a_k$을 구하여라.

4) $\sum_{n=1}^{\infty} a_n$의 값을 구하여라.

4-2 n일째 날에 물잔의 빈 공간의 부피를 b_n이라고 할 때,

1) 물잔의 빈 공간의 변화 상태를 무한급수로 표현하여라.

2) 수열 $\{b_n\}$의 일반항 b_n을 구하여라.

3) $\lim_{n \to \infty} b_n$의 값을 구하여라.

1 물이 들어 있지 않은 세 양동이 A, B, C에 다음과 같이 매일 물을 넣는다.

> (가) 양동이 A에, 첫날에는 양동이의 1/3을 넣고,
>
> 　　　둘째 날에는 전날의 1/3,
>
> 　　　셋째 날에도 전날의 1/3씩 매일 넣는다.
>
> (나) 양동이 B에, 첫날에는 양동이의 1/2을 넣고,
>
> 　　　둘째 날에는 전날의 1/2,
>
> 　　　셋째 날에도 전날의 1/2씩 매일 넣는다.
>
> (다) 양동이 C에, 첫날에는 양동이의 2/3를 넣고,
>
> 　　　둘째 날에는 전날의 2/3,
>
> 　　　셋째 날에도 전날의 2/3씩 매일 넣는다.
>
> (라) 양동이 D에, 첫날에는 양동이의 1/3을 넣고,
>
> 　　　둘째 날에는 전날의 2배,
>
> 　　　셋째 날에도 전날의 2배씩 매일 넣는다.

이와 같이 반복해서 물을 넣었을 때, 양동이 A, B, C, D에 들어 있는 물의 양에 대하여 생각해 보자. (이때, 양동이의 크기는 고려하지 않는다.)

n일이 지난 후 양동이에 담긴 물 양의 변화 상태를 수열의 합으로 표현한 것을 a_n이라고 할 때,

　1-1 a_n을 구하여라.

　1-2 $\lim\limits_{n \to \infty} a_n$의 값을 구하여라.

2 양동이를 마음의 그릇이라고 가정하고, 그 그릇에 담는 것은 자신의 꿈, 또는 욕망이라고 할 때, 각각의 현상에 대하여 자신(我)을 소개하여라.

3 양동이 A, B, C, D에 대하여 다음 질문에 답하여라.

3-1 글 (마)와 (바)를 설명할 수 있는 것은 무엇인가?

3-2 글 (마)와 (바)의 장단점을 설명하고 그에 따른 대안을 제시하여라.

⇨ 2001년 노벨 경제학상 수상자인 조지프 스타 글리츠는 낙수효과가 아니라 중산층을 키워서(분수효과) 경제를 살리겠다는 한국 정부의 기본 철학이 절대적으로 옳다며 소득주도성장 정책에 뜻을 같이 했다.

4 다음 성경의 이야기를 통해 물잔의 의미를 설명해 보자.

> 말씀을 마치시고 시몬에게 이르시되, 깊은 데로 가서 그물을 내려 고기를 잡으라. 시몬이 대답하여 이르되 선생님 우리들이 밤이 새도록 수고하였으되 잡은 것이 없지마는 말씀에 의지하여 내가 그물을 내리리이다 하고 그렇게 하니 고기를 잡은 것이 심히 많아 그물이 찢어지는지라. 이에 다른 배에 있는 동무들에게 손짓하여 와서 도와 달라 하니 그들이 와서 두 배에 채우매 잠기게 되었더라.
>
> – 〈누가복음〉 5:1~7

1 인도의 초대수상 자와할랄 네루는 인간에게 악마와도 같은 것이 있는가 하면, 신과 닮은 어떤 것이 있다고도 말한다. 무한 등비급수의 합이 상반된 결과를 가져오는 것처럼, 인간의 본성에도 그러한 면이 있다는 의미로 받아들일 수 있다. 관련한 실제 사례들을 살펴보고, 이를 조절할 수 있는 힘은 무엇인지 이야기해 보자.

사례 1

목사의 꿈을 가진 한 소년이 있었다. 그는 노래에 천부적인 자질이 있어서 음악공부를 하지 않았지만 수도원 합창단 단원이 되었고, 열심히 교회에 다녔다. 그는 어떠한 사람이나 짐승에게도 해를 끼칠 줄 모르는 사람이었다. 특히 집안이 가난하거나 정상적이지 못해 행복한 삶을 누리지 못하는 사람들을 사랑하였다. 하지만 후일에는 지구 역사상 가장 잔인하고 악마적인 사람이 되어 버렸다. 그는 바로 아돌프 히틀러다. 이처럼 우리가 지니고 있는 모든 재능은 선과 악의 양면으로 쓰일 수 있다.

사례 2

존 뉴턴은 노예를 사고파는 노예선의 선장이었다. 그는 바다에 살면서 알콜 중독에 시달렸던 무신론자였다. 어느 날 그의 배가 파선되면서 하나님을 찾게 되었고 죽음 앞에서 자신이 죄인이며 헛된 삶을 살았음을 깨달았다. 또한, 예수 그리스도의 죽음이 자신의 죄를 용서하기 위함이었다는 사실을 알고 그 은혜로 인해 그의 삶은 변화되었다. 그 후 그는 목사가 되어 복음을 전파하였는데, 특히 노예상인을 대할 때에는 노예들이 입던 옷을 입고 설교했다고 한다. 그는 생전에 구원에 대한 감사의 찬송을 300곡 이상 만들었으며, 그중 하나인 〈어메이징 그레이스(Amazing Grace)〉는 전 세계적으로 유명해졌다.

레오나르도 다빈치는 〈최후의 만찬〉을 그리며 열한 명의 제자들을 모두 그려 넣었으나 인자한 모습의 예수님과 그 정반대인 가롯 유다만을 그려 넣지 못하고 있었다. 그러던 어느 날 다빈치는 시골의 한 성당에서 성가대에 앉아 열심히 찬양하고 있는 한 소년을 보았다. 그 모습이 매우 아름다워 소년을 모델로 예수님을 그려 넣을 수 있었다. 이후 다빈치는 가롯 유다의 모델을 찾아서 10여 년이 넘는 긴 시간을 헤매다가 술에 찌들고 타락한 한 청년을 발견했다. 순순히 가롯 유다의 모델 제의에 응한 그는 다빈치에게 말했다. "선생님! 저를 기억 못하시겠습니까? 저는 10여 년 전에 선생님의 제의로 예수님의 모델이 되었던 피에트로 반디네리입니다." 음악에 재능이 있었던 그는 로마의 음악 학교에 진학하였는데 친구를 잘못 사귀어 방탕의 길로 들어서게 되었고, 예수님의 온유한 모습에서 사악한 가롯 유다의 모습으로 바뀌어 버리고 만 것이다.

인심도심설(人心道心說)은 유학의 심성론(心性論)에서 심(心)의 양면성에 관한 학설이다. 사람의 마음이란 오묘해서 그 실체를 파악하기가 쉽지 않다. 인심이란 대체로 인간의 신체적 기운에서 나타나는 것이요, 도심이란 선천적인 본성에서 우러나오는 것임을 알 수 있다. 말하자면 우리의 마음을 비추어 볼 때 순수하게 도덕적인 것은 도심이요, 그 자체로서 부도덕한 것은 아니지만 신체적인 기운에 따라서 부도덕으로 흐를 위험성이 높은 것은 인심인 것이다. 그러므로 도심에 대해서는 선하다고 말할 수 있고, 인심에 대해서는 선한 경우와 악한 경우가 같이 있다고 말할 수 있다.

* 생각 던지기

2 $S = \sum_{n=1}^{\infty} ar^{n-1} = \lim_{n\to\infty} \sum_{k=1}^{\infty} ar^{k-1} = \lim_{n\to\infty} \frac{a(1-r^n)}{1-r}$

a, r은 상수이므로 수렴한다.

$|r| < 1,, \lim_{n\to\infty} r^n = 0$이므로 수렴한다. $S = \dfrac{a}{1-r}$

$r > 1, \lim_{n\to\infty} r^n = \infty$이므로 $S = $ 발산한다.

$r = 1, S_n = na$이므로 $S = \lim_{n\to\infty} S_n$ 발산한다.

$r \leq -1$, 수열 $\{r^n\}$은 진동하므로 $S = \lim_{n\to\infty} S_n$ 발산한다.

3 함수 $y=f(x)$가 $x=a$에서 연속일 조건

(ⅰ) $x=a$에서 정의되어 있고, 즉 $f(a)$가 존재한다.

(ⅱ) $\lim_{x\to a} f(x)$가 존재한다.

(ⅲ) $\lim_{x\to a+0} f(x) = \lim_{x\to a-0} f(x) = f(a)$, 즉 $\lim_{x\to a} f(x) = f(a)$

4-1 n일이 지났을 때 물의 양은 1/3배씩 불어난다.

1) $\dfrac{1}{3} + \dfrac{1}{3^2} + \dfrac{1}{3^3} + \cdots + \dfrac{1}{3^n} + \cdots$

2) $a_{n+1} = \dfrac{1}{3} a_n$

3) $a_n = \left(\dfrac{1}{3}\right)^n$ $\qquad\qquad S_n = \dfrac{\frac{1}{3}\{1-(\frac{1}{3})^n\}}{1-\frac{1}{3}} = \dfrac{1}{2}\left(1 - \dfrac{1}{3^n}\right)$

4) 이와 같이 무한히 물을 넣었을 때, 물잔에 담긴 물의 양은

$\sum_{n=1}^{\infty} a_n = \dfrac{1}{3} + \dfrac{1}{3^2} + \dfrac{1}{3^3} + \cdots + \dfrac{1}{3^n} + \cdots$이다.

이때, 수열의 합에 극한을 취하면 $\lim_{n\to\infty} S_n = \dfrac{\frac{1}{3}}{1-\frac{1}{3}} = \dfrac{1}{2}$ 값으로 수렴한다.

4-2 n일이 지났을 때, 빈 물잔의 공간은 1/3배씩 줄어든다.

1) $1 - \dfrac{1}{3} - \dfrac{1}{3^2} - \dfrac{1}{3^3} - \cdots - \dfrac{1}{3^{n-1}} - \cdots$ 또는 $\dfrac{2}{3} - \dfrac{1}{3^2} - \dfrac{1}{3^3} - \cdots - \dfrac{1}{3^n} - \cdots$

2) $b_1 = 1 - \dfrac{1}{3} = \dfrac{2}{3}$, $b_2 = 1 - \dfrac{1}{3} - \dfrac{1}{3^2} = \dfrac{2}{3} - \dfrac{1}{3^2}$, $b_3 = 1 - \dfrac{1}{3} - \dfrac{1}{3^2} - \dfrac{1}{3^3} = \dfrac{2}{3} - \dfrac{1}{3^2} - \dfrac{1}{3^3}$

$b_n = 1 - \dfrac{1}{3} - \dfrac{1}{3^2} - \dfrac{1}{3^3} \cdots - \dfrac{1}{3^n} = \dfrac{2}{3} - \dfrac{1}{3^2} - \dfrac{1}{3^3} \cdots - \dfrac{1}{3^n}$ 이므로

$\therefore b_n = 1 - \dfrac{1}{2}(1 - \dfrac{1}{3^n})$ 또는 $b_n = \dfrac{2}{3} - \dfrac{1}{6}(1 - \dfrac{1}{3^{n-1}})$

3) $\displaystyle\lim_{n\to\infty} b_n = \lim_{n\to\infty} = \{\dfrac{2}{3} - (\dfrac{1}{3^2} + \dfrac{1}{3^3} + \cdots + \dfrac{1}{3^n} + \cdots)\}$ 이다.

이때, 수열의 합에 극한을 취하면 $\displaystyle\lim_{n\to\infty} b_n = \dfrac{2}{3} - \dfrac{\frac{1}{3^2}}{1 - \frac{1}{3}} = \dfrac{1}{2}$ 값으로 수렴한다.

또는 $\displaystyle\lim_{n\to\infty} b_n = \lim_{n\to\infty} = \{1 - \dfrac{1}{2}(1 - \dfrac{1}{3^n})\} = \dfrac{1}{2}$

$\displaystyle\lim_{n\to\infty} b_n = \lim_{n\to\infty} = \{\dfrac{2}{3} - \dfrac{1}{6}(1 - \dfrac{1}{3^{n-1}})\} = \dfrac{1}{2}$

* 생각 넓히기

1 양동이에 담긴 물 양의 변화 상태를 수열의 합으로 표현하면

(가) 양동이 A : $a_n = \dfrac{1}{3} + \dfrac{1}{3^2} + \dfrac{1}{3^3} + \cdots + \dfrac{1}{3^n}$

$\displaystyle\lim_{n\to\infty} a_n = \lim_{n\to\infty} \dfrac{1}{2}(1 - \dfrac{1}{3^n}) = \dfrac{1}{2}$

(나) 양동이 B : $a_n = \dfrac{1}{2} + \dfrac{1}{2^2} + \dfrac{1}{2^3} + \cdots + \dfrac{1}{2^n}$

$\displaystyle\lim_{n\to\infty} a_n = \lim_{n\to\infty}(1 - \dfrac{1}{2^n}) = 1$

(다) 양동이 C : $a_n = \dfrac{2}{3} + (\dfrac{2}{3})^2 + (\dfrac{2}{3})^3 + \cdots + (\dfrac{2}{3})^n$

$\displaystyle\lim_{n\to\infty} a_n = \lim_{n\to\infty} 2\{1 - (\dfrac{2}{3})^n\} = 2$

(라) 양동이 D : $a_n = \dfrac{1}{3} + \dfrac{2}{3} + \dfrac{2^2}{3} + \cdots + \dfrac{2^{n-1}}{3}$

$\displaystyle\lim_{n\to\infty} a_n = \lim_{n\to\infty} \dfrac{1}{3}(2^n - 1) = \infty$

2 무한 등비급수 $\sum\limits_{n=1}^{\infty} ar^n$의 값 $\Rightarrow$ 1/2, 1, 2, ∞

> 양동이 A $\Rightarrow$ 1/2 : 아무리 계속해도 절반만 채울 수 있는 경우
>
> 양동이 B $\Rightarrow$ 1 : 자신의 그릇만 채우는 경우
>
> 양동이 C $\Rightarrow$ 2 : 자신의 그릇을 넘치게 하지만 조금 지나면 멈춘다.
>
> 양동이 D $\Rightarrow$ ∞ : 자신의 그릇을 무한히 넘쳐흐른다. 축복의 통로가 된다.

35

명제(뷔리당 역설) - 세상은 우둔한 자를 지혜롭게 만든다

명제의 역설을 통해 부분과 전체를 균형 있게 바라보는 안목으로 세상을 지혜롭게 살아가는 방법을 발견할 수 있다.

(가) 스핑크스는 지금 당신이 건너고자 하는 다리를 지키고 있다. 그는 어려운 수수께끼를 던질 것이다. 문제를 푼다면 당신은 다리를 건널 수 있지만 그렇지 못하면 스핑크스에게 먹힐 것이다. 스핑크스는 다음과 같이 묻는다. "지금부터 내가 하는 말이 진실이면 다리를 건너도록 할 것이고, 거짓이라면 너를 잡아먹어 버릴 것이다. 그렇다면, 내가 너를 잡아먹겠는가?" 목숨이 걸린 문제이기에 신중하게 결정해야 한다. 당신은 어떻게 대답하겠는가?

윗글은 중세 스콜라 철학자인 뷔리당의 열일곱 번째 궤변으로부터 시작한다. 그는 스콜라 철학자인 오컴의 제자로 자연학에서 아리스토텔레스의 영향을 제거하는 데 노력하였다. 이렇게 미래 경험적인 명제가 가지는 역설을 '뷔리당의 역설'이라고 한다.

(나) '동질동량의 먹이를 양쪽에 놓아두었을 때 당나귀는 어느 쪽 먹이를 먹을 것인가를 결정하지 못하여 아사한다'는 것이 뷔리당의 두 번째 역설인 '뷔리당의 당나귀'이다. 만약 당나귀로 하여금 어느 한쪽을 선택하도록 유도할 만한 조건이 아무것도 없다고 가정하면, 즉 당나귀의 모든 행동이 인과적으로 정해져 있다면 당나귀는 죽을 것이다. 이는 인과결정론적인 입장이다.

(다) 한 나그네가 갈림길에 이르러서 어느 길로 가야 목적지에 도달할는지 몰라 난처해 하고 있었다. 갈림길 옆에 두 사나이가 서 있었는데, 한 사나이는 반드시 거짓말만 하고, 또 한 사나이는 진실만을 말한다고 한다. 나그네는 어느 쪽이 진실을 말하는 사람인지 알지 못한다. 나그네가 딱 한 번만 질문할 수 있으면, 어떻게 질문해야 할까?

생각 던지기

1 글 (가)를 읽고 물음에 답하여라.

  1-1 '잡아먹히지 않을 것이다'라고 대답하면 어떠한 결과가 일어나는가?

  1-2 '잡아먹힐 것이다'라고 대답하면 어떠한 결과가 일어나는가?

  1-3 이러한 결과가 일어나는 이유를 명제의 성질을 이용해 설명해 보자.

2 글 (가)와 (다)를 읽고 물음에 답하여라.

  2-1 글 (가)의 스핑크스와 우리의 모습에서 찾을 수 있는 공통점은 무엇인가?

  2-2 글 (가)와 (다)의 공통점과 차이점은 무엇인가?

  2-3 결론적으로 알 수 있는 글 (다)의 해결 방법을 제시하여라.

 생각 넓히기

1 글 (가)의 이야기에서처럼 내 삶에서 목숨 걸고 건너야 하는 다리는 어떤 것이 있는가?

2 글 (나)의 뷔리당의 두 번째 역설 '뷔리당의 당나귀'를 설명할 수 있는 사례를 들고, 현실과 이상 사이에서 나는 어떻게 할 것인지 이야기 나누어 보자.

3 조지 버나드 쇼의 묘비에는 '내가 우물쭈물 하다가 이렇게 될 줄 알았다'라고 쓰여 있다. 이와 관련하여 글 (나)의 뷔리당의 두 번째 역설을 설명할 수 있는 사자성어를 제시하여 자신을 표현해 보자.

생각 나누기

글 (다)를 읽고 다음 물음에 답해 보자.

1 나그네는 어떤 사람에게 무어라고 물으면 좋을까?

2 왜 세상에는 진실과 거짓이 동시에 존재하는가?

3 인생에는 수많은 갈림길이 있다. 우리는 그 상황에서 매순간 선택해야 한다. 선택의 기준은 무엇인지 예를 들어 설명해 보자.

* 생각 던지기

1-1 글 (가)에서 '잡아먹히지 않을 것이다'라고 대답하면 스핑크스는 '거짓'이라고 말하며 잡아먹을 것이다.

1-2 당신의 말이 진실이라면, 즉 스핑크스가 당신을 잡아먹을 것이라면 당신은 진실을 말했기 때문에 잡아먹히지 않고 다리를 건너게 되어야 한다.

만일 당신 말이 거짓이라면, 즉 스핑크스가 당신을 잡아먹을 것이 아니라면, 당신은 거짓을 말한 것이기 때문에 잡아먹히게 된다. 하지만 스핑크스가 잡아먹는다면 결국 당신이 한말은 참이 되어 스핑크스는 당신을 잡아먹을 수 없다. 스핑크스는 딜레마에 빠지게 되는 것이다.

1-3 글 (가)와 같은 미래 경험적인 명제는 딜레마를 가진다. 그렇기 때문에 스핑크스의 질문은 딜레마에 빠질 수밖에 없게 된다.

* 생각 넓히기

2 글 (나)와 같은 이야기는 이상에서는 성립한다. 인과론적으로 들어맞기 때문에 이론상으로 성립하는 것처럼 보이지만 현실에서는 이러한 이론이 성립하지 않음을 우리는 알고 있다. 글 (나)에서는 이렇게 이론상으로는 성립하는 듯 보이지만 현실에서 적용되지 않는 상황의 예시를 보여 준다.

* 생각 나누기

1 이중부정(이중긍정)의 질문법으로 진실을 캐낼 수 있다. 수학적으로 표현하면, 이중긍정은 (+)(+)=+, 이중부정은 (-)(-)=+로 나타낼 수 있다.

나그네는 둘 중 어느 사나이에게든 상관없이 이렇게 질문하면 된다.

"만일, 당신에게 '내가 가야 할 길은 이 길입니까?' 하고 묻는다면 당신은 '네'하고 대답하겠습니까?"

나그네가 물은 사나이가 진실을 말하는 사람이라면 대답대로 길을 가면 될 것이고, 만일 그 사나이가 거짓말만 하는 사람이라도 마찬가지다. 거짓말쟁이 사나이는 거짓말을 두 번해야만 되며, 처음 거짓말을 부정함으로써 사실을 말해 버리게 되고 만다.

36

기수법 – 있는 자리에서 최선을 다하는 것이 최고의 기도이다

이진수의 개념과 원리를 통해, 삶의 모든 문제의 열쇠는 멀리 있는 것이 아니라 문제와 가까운 곳에 있음을 발견할 수 있다.

(가) 서영이는 크리스마스 전날 백화점에 갔다. 그런데 폐점 시간이 지난 줄도 모르고 정신없이 쇼핑을 하다가 그만 백화점 최고층에 갇히고 말았다. 서영이는 빠져나가기 위해 사람을 찾고, 소리도 질러 봤지만 주변에는 아무도 없었다. 지쳐

서 포기하려던 그때 창밖으로 맞은편 건물에 밤늦도록 컴퓨터 작업을 하고 있는 사람이 보였다. 소리를 질러도 들리지 않을 정도의 거리에 있는 사람에게 어떻게 메시지를 보낼 수 있을까 생각하다가 좋은 생각이 떠올랐다. 바로 크리스마스트리의 전구를 사용하는 것이었다. 서영이는 곧장 주변의 트리를 찾아 각각의 전구를 켜거나 꺼서 그림과 같이 자신의 상황을 신호로 보내었다. 서영이가 보낸 신호는 무엇이었을까?

(나) 어떤 관계에 의하여 집합 X의 원소에 집합 Y의 원소를 짝지어 주는 것을 집합 X에서 집합 Y로의 대응이라고 한다. 이때 집합 X의 서로 다른 원소에 집합 Y의 서로 다른 원소가 하나씩 대응하는 함수를 집합 X에서 Y로의 일대일 함수라고 하고, 특히 치역과 공역이 일치하는 일대일 함수를 일대일 대응이라고 한다.

(다) 사람들은 사건사고를 90으로 본다. 그리고 내가 취할 수 있는 반응, 태도, 행동양식을 10으로 본다. 이를 불행의 방정식이라 한다. 하지만 행복의 방정식은 이를 10:90으로 뒤집는다.

– 송길원,《비움과 채움》

(라) 1914년 12월, 에디슨이 67세일 때 그의 실험실이 화재로 전소되어 그동안 연구한 모든 것들이 화염 속에 타버리고 말았다. 다음날 아침, 에디슨은 폐허를 바라보며 말했다. "재앙도 가치가 있구나. 내 모든 실패들이 날아가 버렸으니 새로 시작하게 해주신 신이여 감사합니다." 그리고 에디슨은 화재 이후 3주 만에 그의 첫 번째 발명품 축음기를 선보여 세상을 놀라게 하였다.

생각 던지기

1 글 (가)에 나오는 서영이의 상황에 대하여 생각해 보자.

1-1 서영이는 백화점에서의 상황을 통해 행복과 불행을 동시에 경험하게 되었다. 각각 무엇인지 나누어 보자.

1-2 서영이가 보낸 암호는 무엇인지 글 (나)를 근거로 설명하여라.

1-3 서영이가 백화점 꼭대기에 갇혀 있는 상황은 변하지 않는다. 이러한 상황을 어떻게 극복할 것인가?

2 [보기]는 어떤 수학적 의미를 갖는 숫자에 맞게 색칠한 상자들이다. 물음에 답하여라.

보기

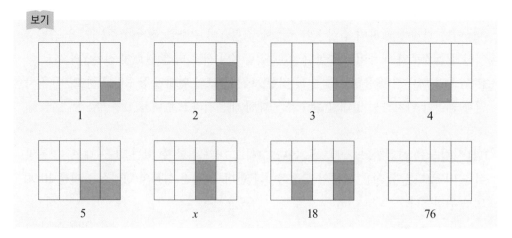

2-1 x는 무엇을 나타내는가?

2-2 76에 규칙에 맞게 색칠해 보자.

2-3 $\sqrt[4]{\dfrac{8^{10}+4^{10}}{8^{4}+4^{11}}}$의 값을 나타내는 것을 [보기]에서 찾아라.

🔍 생각 넓히기

1 다음 글을 읽고 물음에 답하여라.

> 우리는 4/3라는 숫자를 알고 있습니다. 이를 1.333…이라는 숫자로 표현할 수 있죠. 하지만 이것은 10진법일 때입니다. 이것을 두 개의 숫자만 사용해서 1,010101010…이라는 숫자로 표현할 수 있는데 이를 이진법이라고 부릅니다. 이처럼 표현하는 숫자의 개수를 몇 개 사용하나에 따라 본질은 같으나 현상은 다양하게 표현할 수 있습니다.
>
> – 테드(TED) 강연, 〈수학은 세상을 이해하는 비밀입니다〉 중

1-1 4진법으로 표현해 보자.

1-2 사람은 수많은 모습을 가지고 있다. 자신의 다양한 모습을 발견하여 표현해 보자.

2 수학은 패턴을 언어로 표현하는 것이라고 할 때, 나는 무엇을 표현하고 싶은가? 다양한 법칙들을 일반화하고, 관념화하여 패턴을 발견하는 것을 자신의 꿈과 관련하여 표현해 보자.

3 태극기에서도 2진법을 발견할 수 있다. 태극기의 원래 모양에는 팔괘(八卦)라고 부르는 원리가 담겨 있다. 팔괘는 건(乾), 태(兌), 리(離), 진(震), 손(巽), 감(坎), 간(艮), 곤(坤)의 8가지인데, 0부터 7까지의 수를 2진법의 수로 나타낸 것이다. 여기에 어떤 의미와 원리가 있는지 살펴보자.

생각 나누기

1 글 (가)와 같은 상황이 닥친다면 두려움이 앞설 것이다. 하지만 두려워한다고 해서 상황은 변하지 않는다. 이처럼 우리도 세상을 살아가다 보면 글 (가)와 같은 문제 상황에 직면할 수 있다. 주어진 문제에는 항상 불행방정식과 행복방정식이 동시에 존재한다. 서영이의 사례를 통해 두 가지 방정식에 대하여 설명해 보자.

2 글 (다)와 (라)를 근거로 행복방정식을 만드는 방법을 나누어 보자.

3 '무지개 색은 몇 가지일까?'라는 질문에 대한이는 빨주노초파남보 7가지 색이라고 답했고, 민국이는 빨간색과 주황색이 사이에는 경계 지을 수 없는 무한한 색깔이 있기 때문에 무지개는 무한 가지의 색이라고 답했다. 다음 글의 밑줄 친 ⓐ의 관점에서 대한이와 민국이의 주장에 대한 우리의 생각을 나누어 보자.

> 우리는 4/3라는 숫자를 알고 있습니다. 이를 1.333…이라는 숫자로 표현할 수 있죠. 하지만 이것은 10진법일 때입니다. 이것을 두 개의 숫자만 사용해서 1,010101010…이라는 숫자로 표현할 수 있는데 이를 이진법이라고 부릅니다. 이처럼 표현하는 숫자의 개수를 몇 개 사용하느냐에 따라 ⓐ본질은 같으나 현상은 다양하게 표현할 수 있습니다.
>
> — 테드(TED) 강연, 〈수학은 세상을 이해하는 비밀입니다〉 중

4 이진법은 0과 1로만 구성된 표현법이다.

    4-1 우리의 사고방식 중에서 이분법적인 사고란 무엇인지 설명하고 장단점을 제시하여라.

    4-2 흔히 이분법적 사고는 흑백논리로 설명되며 타파해야 할 대상으로 여겨진다. 그렇다면 이분법적인 사고는 반드시 없어져야 하는 것인가?

다음 글을 읽고 물음에 답하여라.

우리는 10진법으로 수를 표시하는 데 익숙하다. 예컨대, 324는 백의 자릿수 3, 십의 자릿수 2, 일의 자릿수가 4인수로 $324=3\times10^2+2\times10^1+4\times10^0$로 표현된다. 10 대신에 2의 거듭제곱을 이용하여 수를 표현하는 방법을 이진법이라 부른다. 거듭제곱의 지수를 음수까지 확장하면 소수점도 이진법으로 표현할 수 있다. 예컨대, $5.5=1\times2^2+0\times2^1+1\times2^0+1\times2^{-1}$이므로 5.5는 이진법으로는 $101.1_{(2)}$로 표현된다.

(2015 홍익대 자연계열 논술문제)

1 $x=0.110101_{(2)}$에 대해서 $T(x)$와 $T^2(x)$를 이진수로 각각 표현하여라.

2 어떤 수 x에 대해 k가 1일 때부터 $M_k(x)$들을 순서대로 나열하면 1, 0, 0, 1, 0, 0, 1, 0, 0, 1, …과 같이 첫 번째 항은 1이고, 그 다음 항부터 '0, 0, 1'의 패턴이 무한 반복된다. 이때 x를 기약분수로 나타내라.

3 이진법은 흑백논리이다. 흑백논리를 적용해야 하는 경우를 제시하고, 그렇게 행동해야 하는 이유를 서술하여라.

* 제시문

(가)

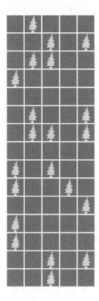

1	2	3	4	5	6	7	8	9	10	11	12	13
a	b	c	d	E	f	g	h	i	j	k	l	m
14	15	16	17	18	19	20	21	22	23	24	25	26
n	o	p	q	R	s	t	u	v	w	x	y	z

이진수 카드가 보이지 않을 때는 0으로, 이진수 카드가 보이면 1로 표시한다. 이진수 체계는 카드가 앞면인지 뒷면인지를 표현하는 데 0과 1을 사용한다. 0은 카드 뒷면, 1은 점을 볼 수 있는 윗면이다. 오른쪽 첫 번째 카드는 2^0, 두 번째 카드는 2^1, 세 번째는 $2^2 \cdots$ 이와 같은 방식으로 변한다.

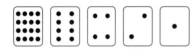

예컨대, $2^4 \times 0 + 2^3 \times 1 + 2^2 \times 0 + 2^1 \times 0 + 2^0 \times 1 = 9$

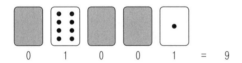

따라서 9라는 숫자를 01001이라는 숫자로 다시 만들 수 있다.

이와 같은 원리에 의하여 트리의 전구가 켜진 것을 1, 꺼진 것을 0이라고 두고 각각의 이진수 체계를 해독하면 HELP IM TRAPPED 라는 암호가 나오게 된다.

2-1 $20_{(4)}=2\times4+0\times1=8$

2-2 $76=1\times4^3+0\times4^2+3\times4+0\times1=1030_{(4)}$

2-3 $\sqrt[4]{\dfrac{8^{10}+4^{10}}{8^4+4^{11}}}=\sqrt[4]{\dfrac{2^{30}+2^{20}}{2^{12}+2^{22}}}=\sqrt[4]{\dfrac{2^{20}(2^{10}+1)}{2^{12}(1+2^{10})}}=4$

* 생각 넓히기

1-1 우리는 X+X=2X라는 수식을 아주 많이 보아 왔고, 당연하게 표현해 왔다. 사실 등호를 이용하는 모든 수학적 공식들은 '비유'라고 할 수 있다. =라는 기호 안에 우리가 '같다'라는 의미를 부여하고, 두 가지 식을 같다고 '비유'하는 것이다. 수학은 패턴을 언어로 표현하는 것이다. 다양한 법칙들을 일반화하고, 관념화하여 패턴을 발견한다. 우리가 $\dfrac{4}{3}$ 라는 숫자를 보고 1.3333333333…이라는 숫자로 바꿀 수도 있고, 이진법을 이용해 1,010101010…이라는 숫자로 표현할 수 있으며, 4진법으로 1,1111111…이라는 숫자로 나타낼 수도 있다. 어떠한 눈, 즉 어떠한 '관점'으로 숫자를 바라보느냐에 따라 그 숫자를 표현하는 방법이 달라지는 것이다.

37

지수법칙 – 인간관계는 절대적 관계가 아니라 상대적 관계

거듭제곱에 대한 대소 관계를 통해 세상을 살아가는 삶의 지혜를 발견할 수 있다. 그 첫 번째는, 인정할 것은 인정하고, 자신의 장점으로 승부하라는 것이고, 두 번째는, 그 다음에는 자신의 약점을 끊임없는 노력으로 극복하라는 것이다.

(가) 깊은 산 오솔길 옆 자그마한 연못엔
지금은 더러운 물만 고이고 아무것도 살지 않지만
먼 옛날 이 연못엔 예쁜 붕어 두 마리
살고 있었다고 전해지지요, 깊은 산 작은 연못

어느 맑은 여름날 연못 속의 붕어 두 마리
ⓐ서로 싸워 한 마리는 물 위에 떠오르고 여린 살
이 썩어 들어가 물도 따라 썩어 들어가 연못 속에
선 아무 것도 살 수 없게 되었죠

깊은 산 오솔길 옆 자그마한 연못엔
지금은 더러운 물만 고이고 아무 것도 살지 않죠

– 김민기, 〈작은 연못〉

(나) 거듭제곱근들이 모여 사는 마을에 $a = 2^{\sqrt{2}}$가 도시에서 이사(歸農)를 왔다. a는 다른 이들과 어울리기 위해 노력했지만 오히려 갈등만 깊어졌다. '당신은 나와 똑같은 것 같아요', '당신은 나보다 작은 것 같아요', 혹은 '당신이 나보다 큰 것 같아요'라며 모두가 비교했기 때문이었다.

(다) 다윗은 사울이 보내는 곳마다 가서 지혜롭게 행하매 이스라엘의 왕 사울은 그로 군대의 장을 삼았더니 온 백성이 합당히 여겼고 사울의 신하들도 합당히 여겼더라. 무리가 돌아올 때에 여인들이 이스라엘 모든 성에서 나와서 노래하며 춤추며 소고와 경쇠를 가지고 왕 사울을 환영하는데 여인들이 뛰놀며 창화하여 가로되 '사울이 죽인 자는 천천(千千)이요 다윗은 만만(萬萬)이로다'한지라. 사울이 이 말에 불쾌하여 심히 노하여 가로되 다윗에게는 만만을 돌리고 내게는 천천만 돌리니 그의 더 얻을 것이 나라밖에 무엇이냐 하고 그날 후로 사울이 다윗을 주목하였더라.

– 〈사무엘상〉 18:5~9

(라) 고대 그리스의 철학자이자 수학자인 피타고라스는 어느 날 히파수스에게 질문을 받았다. "직각삼각형에서 직각을 낀 두 변의 길이를 제곱하여 더한 것이 빗변의 길이를 제곱한 것과 같다면, 두 변의 길이가 각각 1인 직각삼각형의 빗변 길이는 어떻게 됩니까?" 그의 질문은 논리적이고 합당한 것이었지만 피타고라스학파는 히파수스를 우물에 빠뜨려 죽이고 그 이야기를 일체 입에 올리지 말라는 명령을 내렸다. 도대체 왜 그랬을까?

당시 피타고라스학파는 우주 만물은 수로 되어 있고, 모든 것은 정수의 비로 표현할 수 있다고 믿고 있었다. 하지만 히파수스의 질문은 피타고라스 정리를 유리수만으로 표현할 수 없다는 사실을 증명한 셈이었다. 두 변의 길이가 1인 무리수 $\sqrt{2}$가 존재한 것이다. 피타고라스학파는 히파수스가 그들에게 정면으로 도전한 것이라 생각했다. 결국 이들은 자신의 신념을 부정하고 무리수의 존재를 외부에 유출시킨 죄를 물어 히파수스를 처단하였다.

(마) 파커 J. 파머는 "공동체란 당신이 결코 함께 살고 싶지 않은 사람이 항상 함께 살고 있는 곳, 즉 당신이 싫어하는 사람이 이사를 가면 곧바로 싫어하는 또 다른 사람이 그 자리를 메꾸는 곳이다"라고 말했다.

1 '사람 밑에 사람 없고 사람 위에 사람 없다'는 말은 사람은 누구나 소중한 존재임을 의미한다. 하지만 우리 사회는 전통적으로 윗사람에게 아랫사람이 무조건 복종하는 상명하복(上命下服) 문화가 있었다. 그 때문일까? 현대를 살아가는 우리에게도 수많은 위아래가 존재한다. 우리는 이를 어떻게 받아들여야 할까?

2 글 (나)에 대하여 다음 문제를 통하여 그 이유를 설명해 보자.

  2-1 $a = 2^{\sqrt{2}}$일 때, [보기]에서 잘못된 것을 있는 대로 찾고, 그 이유를 서술하여라.

> 보기
>
> ㄱ. $a^{2\sqrt{2}} = 16$ ㄴ. $a < 2\sqrt[5]{8}$ ㄷ. $2^a > a^2$

  2-2 비교하고 비교당하는 세상에서 우리가 해야 할 일은 무엇인가?

3 글 (가)에서 일어나는 현상을 설명하여라.

  3-1 글 (마)를 설명할 수 있는 ⓐ의 원인을 글 (나)와 (다), (라)에서 찾아 서술하여라.

  3-2 3-1번 문제를 바탕으로 서로 윈-윈(win-win)하는 아름다운 공동체를 만들기 위한 방안을 간략히 서술하여라.

🔍 생각 넓히기

1 실수의 세계에서는 반드시 대소관계가 존재한다. 다음과 같은 경우의 원인은 무엇인지 생각해 보고, 그에 따라 나는 어떻게 행동할 것인지 이야기해 보자.

    1-1 내가 타인보다 커 보이는 경우에 어떻게 할 것인가?

    1-2 내가 타인보다 작아 보이는 경우에 어떻게 할 것인가?

    1-3 내가 타인과 비슷해 보이는 경우에 어떻게 할 것인가?

2 내 안에는 수많은 내가 있음을 알게 된다. 비교, 시기, 질투, 신념으로 인하여 누군가를 미워하고 싸웠던 경험이 있는가?

💬 생각 나누기

1 거듭제곱근들이 모여 사는 공동체에 다음과 같은 숫자들이 있다. 모두가 행복한 공동체를 만들기 위해서는 어떻게 해야 할까? 다음 물음에 답하여라.

$$\sqrt{\left(\sqrt{2^{\sqrt{2}}}\right)^{\sqrt{2}}} \qquad \left(\sqrt{(\sqrt{2})^{\sqrt{2}}}\right)^{\sqrt{2}} \qquad \sqrt{((\sqrt{2})^{\sqrt{2}})^{\sqrt{2}}}$$

$$\left(\sqrt{\sqrt{2^{\sqrt{2}}}}\right)^{\sqrt{2}} \qquad (\sqrt{2})^{\sqrt{(\sqrt{2})^{\sqrt{2}}}}$$

    1-1 외톨이를 찾고, 친구들과 다른 이유를 제곱근의 성질을 이용하여 설명하여라.

    1-2 자신이 외톨이라면 그 상황에서 어떻게 행동할 것인가?

    1-3 공동체에서 외톨이를 발견한다면 어떻게 행동할 것인가?

* 생각 던지기

2-1 ㄱ. $a^{2\sqrt{2}} = (2^{\sqrt{2}})^{2\sqrt{2}} = 2^4 = 16$

ㄴ. $a = 2^{\sqrt{2}}$, $2\sqrt[5]{8} = 2 \times 2^{\frac{3}{5}} = 2^{\frac{8}{5}}$, $(\sqrt{2})^2 < (\frac{8}{5})^2$ 이므로 $a < 2\sqrt[5]{8}$

ㄷ. $2^a = 2^{2\sqrt{2}}$, $a^2 = (2^{\sqrt{2}})^2 = 2^{2\sqrt{2}} = 2^{2^{\frac{3}{2}}}$, $(\sqrt{2})^2 < (\frac{3}{2})^2$ 이므로

$\therefore 2^a < a^2$

* 생각 나누기

1-1 $\sqrt{(\sqrt{2^{\sqrt{2}}})^{\sqrt{2}}} = [\{(2^{\sqrt{2}})^{\frac{1}{2}}\}^{\sqrt{2}}]^{\frac{1}{2}} = 2^{\sqrt{2} \times \frac{1}{2} \times \sqrt{2} \times \frac{1}{2}} = 2^{\frac{1}{2}}$

$(\sqrt{(\sqrt{2})^{\sqrt{2}}})^{\sqrt{2}} = [\{(2^{\frac{1}{2}})^{\sqrt{2}}\}^{\frac{1}{2}}]^{\sqrt{2}} = 2^{\frac{1}{2} \times \sqrt{2} \times \frac{1}{2} \times \sqrt{2}} = 2^{\frac{1}{2}}$

$\sqrt{((\sqrt{2})^{\sqrt{2}})^{\sqrt{2}}} = [\{(2^{\frac{1}{2}})^{\sqrt{2}}\}^{\sqrt{2}}]^{\frac{1}{2}} = 2^{\frac{1}{2} \times \sqrt{2} \times \sqrt{2} \times \frac{1}{2}} = 2^{\frac{1}{2}}$

$(\sqrt{\sqrt{2^{\sqrt{2}}}})^{\sqrt{2}} = \{(2^{\frac{\sqrt{2}}{2}})^{\frac{1}{2}}\}^{\sqrt{2}} = 2^{\frac{\sqrt{2}}{2} \times \frac{1}{2} \times \sqrt{2}} = 2^{\frac{1}{2}}$

$\sqrt{(\sqrt{2})^{\sqrt{2}}} = \{(2^{\frac{1}{2}})^{\sqrt{2}}\}^{\frac{1}{2}} = 2^{\frac{1}{2} \times \sqrt{2} \times \frac{1}{2}} = 2^{\frac{\sqrt{2}}{4}}$ 이므로

$(\sqrt{2})^{\sqrt{(\sqrt{2})^{\sqrt{2}}}} = (2^{\frac{1}{2}})^{2^{\frac{\sqrt{2}}{4}}} = 2^{\frac{1}{2} \times 2^{\frac{\sqrt{2}}{4}}} = 2^{2^{\frac{\sqrt{2}}{4}-1}} \neq 2^{\frac{1}{2}}$

부등식의 개념과 성질을 통해 정의로운 민주사회를 향한 로드맵을 발견할 수 있다.

(가) X, Y, Z를 U의 부분 집합이라 할 때, X ≥ Y, Y ≥ Z이면 X ≥ Z라는 것을 이행성 규칙(移行性規則, transitivity rule)이라고 한다.

(나) 콩도르세의 역설은 프랑스 대혁명시대의 정치가이자 수학자인 콩도르세가 '다수결은 만능이 아니다'라는 점을 입증하려고 한 논리다. '투표의 역설(voting paradox)'이라고도 불리는 콩도르세의 역설은 최다득표제가 유권자의 선호도를 정확히 반영하지 못하는 현상을 일컫는다. 예컨대, 한 유권자가 A를 B보다 선호하고(A > B), B를 C보다 선호할 경우(B > C), C보다 A를 더 좋아해야 한다(A > C). 하지만 최다득표 제도에서는 이와 같이 선호 이행성에 위배되는 결과(C > A)가 나올 수도 있다는 것이다.

	김 씨	이 씨	박 씨
1순위	갑	을	병
2순위	을	병	갑
3순위	병	갑	을

(다) 학급 회식 메뉴로 치킨, 피자, 햄버거 중 한 가지를 고르려고 한다. 학급에 약 60% 정도의 학생이 닭 알레르기가 있어서 치킨은 선택되지 않을 것으로 예상되었다. 그러나 투표 결과, 치킨37%, 피자 32%, 햄버거 31%로 치킨이 선택되었다. 치킨을 선호하지 않는 60%의 학생들이 피자와 햄버거로 표가 나뉘어서 이런 결과가 나온 것이다. 이 문제를 현명하게 해결할 수 있는 방법에는 무엇이 있을까?

(라) 민주적인 국가 K나라에서 투표를 진행했다. 그러나 유력하고 유능한 두 후보에게 표가 나뉘면서 엉뚱한 제3의 후보가 당선되었다. 이는 사회적으로 원치 않는 결과였고, 시민들의 항의와 반발로 이어졌다. 정당한 투표를 통해 진행된 결과였지만 논란은 커졌다. 그 이유는 투표를 진행한 후에 표를 가장 많이 얻은 사람을 당선자로 하기로 규칙이 정해져 있었기 때문이다. 그렇다면 투표하기 전에 다른 규칙을 먼저 정했다면 어땠을까?

(마) 유권자가 후보자의 선호도에 따라 점수를 매기는 '보르다 투표법'이 있다. 보르다 투표법의 경우 자신이 싫어하는 후보에게 최하점을 줌으로써 최종적으로 중간 정도의 점수를 얻는 후보자가 당선되는, 일종의 어부지리 같은 일이 일어날 수 있다.

 생각 던지기

1 글 (가)와 (나)의 차이점을 설명하고, 글 (나)의 콩도르세의 역설을 글 (마)와 연결하여 논리적으로 설명하여라.

2 글 (나)는 일반적인 부등호의 원리가 성립하지 않음을 설명하고 있다.
  2-1 콩도르세 역설(투표의 역설)을 통해 배울 수 있는 교훈은 무엇인가?
  2-2 이와 같은 문제를 해결할 수 있는 방법으로는 무엇이 있을까?

3 다음 글에 나오는 자와할랄 네루의 주장을 논리적으로 설명하고자 한다. 글 (가)~(마)를 통해 민주적인 사회를 위한 방안을 제시하여라.

간디의 제자이자 인도의 초대 총리인 자와할랄 네루는 이런 말을 남겼다. "민주주의는 좋다. 다른 제도가 더 나쁘기 때문에 나는 이렇게 말하는 것이다." 민주주의가 완벽한 제도가 아니라, 허점이 매우 많고 개선을 요하는 제도임에도 불구하고 추구해야 하는 이유는 현재까지 인류가 만든 모든 권력 제도 중 그나마 제일 좋기 때문이다.

생각 넓히기

1 일반적으로 가장 많은 표를 얻은 사람이 당선되어야 한다고 생각할 것이다. 하지만 세상에 완벽한 제도는 존재하지 않는다. 투표를 시행하기 이전에 공동체가 추구해야 할 가치기준을 먼저 제시하는 것이 그나마 민주사회를 위한 우선순위이다. 그렇다면, 내 삶의 우선순위는 무엇인가?

2 다음은 민주주의에 대한 유명인들의 말이다. 내가 꿈꾸는 민주주의는 무엇이며, 어떻게 가꾸어 갈 것인가?

> 민주주의는 정지된 것이 아니라 영원히 계속되는 행진이다.   – 루스벨트
>
> 엄격한 뜻으로 말한다면 진정한 민주주의는 지금까지 없었고, 앞으로도 결코 존재하지 않을 것이다.   – 루소

생각 나누기

1 다음 사례를 중심으로 투표의 역설이 발생하는 원인과 이유를 설명하여라.

1-1 투표하기와 룰 정하기의 순서가 다른 두 국가

> A: 무작정 투표를 진행한 후 최다 득표를 한 사람이 당선되기로 했다.
> B: 최다 득표를 한 사람이 당선되기로 합의를 본 후에 투표를 진행했다.

1-2 반 회식 메뉴를 투표 한 번, 혹은 두 번으로 결정한다.

> A: 치킨, 피자, 햄버거 지지율이 37%, 32%, 31%으로 63%가 원치 않는 치킨이 뽑혔다.
> B: 투표를 두 번 진행해서 최종적으로 가장 많은 학생들이 선호하는 피자가 뽑혔다.

1-3 사회의 의견을 잘 이해하는 국가

> A: 보이는 결과로만 판단하여 사회의 의견은 결과와 다를 수 있음을 모른다.
> B: 투표의 결과로만 판단하는 것이 아니고 오류가 생길 수 있음을 잘 인지하고 결과가 현명하게 산출된 것인지 고려해 본다.

* 생각 던지기

1

	유권자 선호도
유권자1	A > B > C
유권자2	B > C > A
유권자3	C > A > B

	당선자: 득표	낙선자: 득표
A vs B	A: 유권자1, 유권자3	B: 유권자2
B vs C	B: 유권자1, 유권자2	C: 유권자3
C vs A	C: 유권자2, 유권자3	A: 유권자1

세 사람이 세 명의 후보 A, B, C에 대해 선호도를 1, 2, 3위로 정하고 투표를 진행한다고 하자. 후보자 A와 B에 대해 투표를 하면 후보 A가 후보 B를 이기고, 후보자 B와 C에 대해 투표를 하면 후보 B가 C를 이긴다. 그렇다면 수학에서는 후보 C가 후보 A를 이긴다. 그러나 현실에서는 후보 A와 후보 C 중에서 투표를 하면 후보 C가 후보 A를 이기는 경우가 발생하기도 한다.